P.D.G... MON FRÈRE

DU MÊME AUTEUR

OSIRIS, LE MIRACLE DU BLÉ (l'auteur)

NOURRIS TON CORPS (La Vie Claire)

DÉFENDS TA PEAU ! (L.V.Cl.)

S.O.S., CRISE CARDIAQUE (L.V.Cl.)

LE MÉDECIN MUET (L.V.Cl.)

A paraître prochainement

TU VIVRAS CENT ANS

H.-CH. GEFFROY

P.D.G.
MON FRÈRE

Comment éviter les grands " fléaux de la civilisation " et vivre longtemps jeune

LA TABLE RONDE
40, rue du Bac, Paris 7e

AVANT-PROPOS

Depuis un quart de siècle que j'ai commencé à donner des conseils sur *l'art de vivre en bonne santé*, je m'étais toujours adressé à des lecteurs libres de se conduire à leur guise, de s'alimenter comme ils l'entendent, de dormir quand ils ont sommeil.

Mon expérience des choses de la vie m'a conduit à établir des règles permettant — lorsqu'elles sont appliquées correctement — d'*IGNORER LA MALADIE* et de prolonger son activité bien au-delà des limites habituelles. Tel fut donc le sujet de mes précédents ouvrages.

Devais-je m'en tenir là ?

Fallait-il, sous prétexte que leur sort les éloigne plus que d'autres des conditions d'une vie naturelle, que je me désintéresse de ces innombrables personnes que l'importance de leurs fonctions, de leurs responsabilités ou de leur compte en banque empêche de vivre de façon normale ?

Fallait-il continuer de laisser la plupart de ces malheureux succomber, dès quarante ou cinquante ans, à quelque mal inexorable très facile à éviter dès l'instant où leur sont données à temps *les informations* que le corps médical officiel, la presse et le pouvoir, dans une complicité criminelle, cachent soigneusement au public pour des raisons diverses, peu avouables ?

Pour la première fois, j'ai fait un livre pour mes frères en esclavage : les P.D.G. des grandes Sociétés, les V.I.P. de l'industrie, du commerce, de l'art, du barreau, de la finance, de la politique, tous ces malheureux prisonniers de leur public, de leur clientèle, de leurs fournisseurs, des usages de leur profession, de leurs électeurs, de leur personnel, des préjugés de leur clan...

J'ai rassemblé dans ces pages tout ce que j'ai pu de renseignements utiles, pratiques, permettant au lecteur attentif de protéger sa santé, de sauver sa vie.

Je l'ai fait comme un devoir d'homme, comme on se jette à l'eau pour secourir quelqu'un qui se noie.

***

Que le lecteur se rassure...

Ce livre n'est pas un traité de diététique, ni un cours d'alimentation saine. J'ai écrit sur ce sujet, des ouvrages de 4 ou 500 pages que le lecteur auquel je m'adresse aujourd'hui n'a pas le temps de lire, dans le tourbillon sans fin qu'est la vie d'un chef d'entreprise, d'un leader de la politique, d'une vedette ou autre V.I.P., à notre époque.

C'est un recueil sans prétention, de conseils pratiques, s'adressant à qui veut protéger sa santé, *dans la mesure où cela est possible*, lorsqu'on occupe une situation qui vous oblige à recevoir, à être reçu fréquemment, à manger et boire toutes sortes de choses plus ou moins nocives, à se coucher trop tard, à se lever trop tôt, à négliger la culture physique, les sports, y compris le meilleur de tous : la marche... faute de temps pour laisser la voiture et se déplacer à pied.

En général, lorsqu'on a une robuste constitution, « ça marche » jusqu'à trente-cinq ou quarante ans. Bien sûr, on n'ignore pas la maladie, mais celle-ci n'apparaît que rarement et, la médecine aidant, on ne s'en tire pas trop mal. C'est à partir de cet âge-là que l'on commence à aller moins bien. On sent que l'organisme est plus long à se rétablir. On a du mal à reprendre ses occupations. Il faut plus ou moins se doper pour faire face à toutes ses obligations... et le seul fait de considérer comme « obligation » ce qui, quelques années plus tôt, était un plaisir, prouve indubitablement que bien des choses ont changé...

C'est alors qu'on commence à réfléchir, à s'inquiéter. Un tel est mort d'un cancer... Le P.D.G. de la Sté X. vient d'avoir un infarctus... il avait quarante-deux ans ! Tel fournisseur, joyeux drille, avec lequel on dînait encore la semaine dernière, vient d'entrer dans une maison de santé pour soigner une « dépression »...

Combien de temps pourra-t-on tenir encore ? Quel pépin faut-il craindre ? Comment l'éviter ? Que faire ?

Ce livre a pour but de répondre à ces questions angoissantes... et à quelques autres.

⁂

Comme je ne suis pas médecin, on peut se demander quels sont mes titres pour aborder un tel sujet. Il est donc nécessaire que je me présente.

Je suis né en 1895, dans une famille aisée, de telle sorte que c'est à l'un des plus grands pédiatres de l'époque que mes parents eurent recours pour veiller sur ma santé.

La même année marqua la fin de la vie du grand Pasteur. C'est dire que tout le monde était sensibilisé — y compris le corps médical — par ses fameuses découvertes sur la fermentation, les microbes, les spores, la stérilisation, les maladies contagieuses, etc... Il fallait tout manger cuit, y compris les fruits tentateurs qui poussaient dans le jardin de mon père. Pas de salades à cause de la typhoïde, viande matin et soir, pour prendre des forces, compotes et conserves...

Résultat : à 18 ans, lorsque éclata la guerre de 1914, j'étais un garçon chétif, enrhumé tout l'hiver, bronchiteux, souffrant du foie au moment des chaleurs et voûté.

Envoyé sur le front, au 103ᵉ d'infanterie, je connus pour la première fois la vie au grand air et les bienfaits du... camping, dans les tranchées et au cours des brèves périodes de repos à l'arrière. Ayant échappé miraculeusement à toute blessure pendant les quatre années passées en première ligne, je serais revenu en bien meilleure santé que j'étais parti, si je n'avais eu la malchance d'être ypérité, la dernière année.

Dix ans après, j'avais vu mourir l'un après l'autre la plupart de mes camarades, gazés en même temps que moi. Sans forces, sans espoir, j'avais cessé de travailler et mes médecins — je l'ai su après — me donnaient trois mois à vivre... !

C'est alors que, fortuitement, j'eus connaissance de cures étonnantes, réalisées en Allemagne par un médecin naturiste, qui traitait les tuberculeux uniquement par un régime alimentaire excluant les aliments animaux et industriels, et comportant en abondance des fruits, des céréales et quelques légumes, principalement crus [1].

Au point où j'en étais...

Et ce fut le miracle ! Au bout de quelques semaines, je me sentais renaître. Mes forces revenaient de jour en jour. Dans l'euphorie de ce commencement de guérison, j'éprouvais le besoin de me dépenser, de faire de longues marches... Je me sentais littéralement revivre !

Contrairement à ce qui se passe le plus souvent avec les traitements médicaux, cette amélioration ne fut pas de courte durée et ne prépara pas de nouvelles

1. Le docteur Sauerbruck appliquait, à cette époque (1935), une méthode mise au point avec un physiologiste allemand, le professeur Gerson, et sauvait chaque année, à Berlin, des centaines de tuberculeux et de gazés.

maladies... Ma santé, au contraire, continua de s'améliorer ; toutes sortes de maux et de petits désordres physiques se sont trouvés guéris comme par enchantement et, depuis ce jour, *je n'ai plus jamais été malade.*

Bien mieux, j'ai maintenant — à un âge où d'autres sont à la retraite depuis longtemps — une activité énorme, à laquelle j'aurais été incapable de faire face à trente ans !

⁂

Si je me suis permis — contrairement à l'usage — de donner mon propre cas en exemple, c'est pour que le lecteur comprenne que ce que je raconte, les conseils que je donne, ne sont pas de la théorie pure. Ce que j'indique, je l'ai d'abord essayé sur moi, puis sur mon entourage. J'en ai constaté les effets, apprécié les résultats, j'en ai même rectifié parfois certains détails. J'ai pu, peu à peu, m'entourer de collaborateurs beaucoup plus savants que moi et qui ont bien voulu consacrer leur activité à fouiller ces problèmes, à perfectionner ma méthode. Nous avons pu ainsi réunir une documentation extraordinaire, ignorée en France, même dans les milieux médicaux, tant est grande la vigilance avec laquelle les travaux des chercheurs étrangers sont filtrés,... *lorsque leurs résultats risquent de nuire à certains intérêts privés.*

C'est sans aucune arrière-pensée commerciale que j'avais fondé la revue *La Vie claire*, en août 1946, entreprenant en même temps des séries de conférences sur l'alimentation saine. Je voulais consacrer ce supplément d'existence qui m'avait été miraculeusement accordé, à faire connaître aux autres ce nouvel « art de vivre ». J'intéressai tout de suite de nombreux lecteurs et auditeurs et les soirées éducatives organisées par *La Vie claire* étaient assez suivies. Mais, très vite, on m'objecta qu'une telle méthode était impossible à suivre, faute de trouver dans le commerce les aliments sains et naturels dont je préconisais l'emploi : huiles de première pression, produits exempts de colorants synthétiques, de conservants chimiques, d'insecticides, etc... Il existait bien quelques maisons de régime, mais la qualité de leurs produits était très variable et aucune garantie n'était donnée quant à leur absence de nocivité.

Mes amis me demandèrent donc de créer une organisation destinée à leur procurer tous les produits nécessaires, sévèrement contrôlés, sans aucune tricherie.

C'est ainsi que, cédant à leurs demandes réitérées, j'ai fondé, en septembre 1948, une première Société — sous la forme coopérative — dans une cave de la rue Danton, où les visiteurs affluèrent de tous les quartiers de Paris. Bien entendu, cette entreprise à faible capital fut rapidement débordée et fit place, après quelques mois, à une S.A.R.L, transformée bientôt elle-même en S.A., dont le capital, de 20 millions de l'époque, à l'origine, entièrement souscrit par mes lecteurs, est passé, à la suite d'augmentations successives, à 3 millions actuels.

A présent, 120 magasins, à l'enseigne de : *Maison de La Vie claire*, répartis dans toutes les villes d'au moins 40 000 habitants, ainsi qu'en Belgique et en Suisse, mettent à la disposition du public tous les produits, aliments et ustensiles nécessaires à l'application de l'alimentation saine, ainsi que la littérature s'y rapportant.

Bien sûr, cette réalisation ne m'a pas fait que des amis. Elle menace, on s'en doute, des intérêts considérables. Mais la question est de savoir si, *connaissant les moyens de remédier à la progression effarante des grands fléaux modernes qui déciment l'humanité et la conduisent à la dégénérescence et à la destruction* [2], *il faut ou non les mettre en jeu.*

Dans l'affirmative, ce que j'ai réalisé avec très peu de moyens au départ, sans aucune aide officielle — bien au contraire, car je suis l'objet de tracasseries constantes — avec le seul apport financier de quelques milliers de lecteurs désireux de me donner les moyens de mettre mes idées en pratique, cette petite organisation peut servir d'exemple à nos dirigeants, le jour où ceux-ci, enfin revenus au sens des réalités, voudraient commencer par le commencement en

2. Décès par *cancer* dans les pays civilisés : 1922 = 500 000. 1965 = 2 millions. En France : 1919 = 32 000. 1930 = 40 000. 1955 = 90 000. 1960 = 100 000. 1970 = 120 000.

Décès par *maladies cardio-vasculaires* en France (crises cardiaques et congestions cérébrales) : 1956 = 100 000. 1966 = 200 000.

donnant à leurs concitoyens ce bien inestimable qu'est *la santé.* Il leur suffira de reproduire ce que j'ai fait, à l'échelle nationale. Ils seront certainement étonnés des conséquences économiques qu'entraînera la diminution énorme des maladies et fléaux modernes résultant de cette initiative : il suffit de songer au déficit croissant de la Sécurité sociale pour s'en faire une idée...

Ignore-t-on que, depuis dix ans, le coût des dépenses de santé a triplé en France et qu'il continue d'augmenter dans de telles proportions que les experts prévoient qu'il s'élèvera, en 1975, à la somme colossale de 70 milliards de nos francs actuels [3] ?

Mais ceci n'est qu'une parenthèse.

***

Voilà donc comment je suis devenu, malgré moi, le chef d'une entreprise importante, à la tête d'un groupe de sociétés exclusivement financées par mes lecteurs et refusant tout concours de groupe financier quelconque, de façon à sauvegarder l' « esprit » qui a présidé à sa fondation.

Cette expérience m'a permis de mesurer les périls que l'industrie alimentaire fait courir à chacun de nous. Mais elle m'a également appris comment un homme d'affaires, un chef d'entreprise, un politicien, une vedette, en un mot, tout individu ayant une

3. Jean Ferniot (Jour. de Dimanche, 10 mai 1970).

activité intense, une dépense nerveuse anormale, doit s'y prendre pour échapper à l'infarctus, à la congestion cérébrale, au cancer, à la dépression nerveuse, à l'obésité, au diabète, à la sénilité précoce, à toutes ces maladies qui terrorisent nos contemporains, simplement parce que la médecine de l'école, impuissante à nous en protéger, en a fait des épouvantails...

Les moyens d'y arriver et, en même temps, de prolonger sa vie active de vingt ou trente ans, sont précisément le sujet de ce livre.

Sachant que les lecteurs auxquels il s'adresse n'ont pas le temps de lire de longs développements sur un tel sujet, j'en ai fait une sorte de « Digest », en dépouillant le texte de tous les détails, explications et preuves scientifiques à l'appui, ne donnant d'explications théoriques que lorsque celles-ci sont indispensables à la compréhension de ce qui suit. Je demande donc au lecteur de prendre la peine de lire attentivement ce condensé dont *chaque phrase* a son utilité.

Mais je ne lui demande pas pour autant de me croire sur parole : c'est pourquoi j'ai placé en bas de page ou en annexe des renseignements et références scientifiques auxquels il pourra se reporter lorsqu'il en aura le loisir ou si, ayant compris l'importance de ces questions, il a le désir de se documenter plus avant.

PREMIÈRE PARTIE

Un corps parfait que nous détruisons

CHAPITRE PREMIER

UNE FRUCTUEUSE MYSTIFICATION

Rappel de quelques notions de biologie indispensables

Vous avez une voiture et vous en prenez soin. Vous utilisez toujours la même huile pour lubrifier le moteur et, comme essence, vous préférez le « super ».

Il ne vous viendrait pas à l'esprit d'employer n'importe quelle huile, ou de remplacer l'essence par du pétrole, de l'alcool ou du mazout..., sous prétexte qu'un mécanicien fantaisiste vous aurait dit que ce moteur consomme *n'importe quoi...*

C'est pourtant ce que vous faites pour l'alimentation de votre corps. On vous a dit : « *L'homme est omnivore* ». Vous l'avez cru sans prendre la peine de le vérifier, parce que c'était dans le livre. Comme les petits noirs d'A.O.F. qui répétaient : « Nos ancêtres, les Gaulois, etc... ».

Malheureusement, ce n'est pas vrai ! Il est facile de le prouver scientifiquement, par la comparaison de *la dentition* et de *l'appareil digestif* de l'homme avec ceux des diverses sortes d'animaux : carnivores, herbivores, frugivores et omnivores [1].

L' « homme omnivore » est une fructueuse mystification, extrêmement profitable à l'industrie alimentaire, puisque, au nom de ce dogme faux, on peut vendre aux gens toutes sortes de pseudo-aliments fort coûteux, qui rapportent beaucoup d'argent à ceux qui les fabriquent, tout en détruisant la santé de ceux qui les mangent.

On peut prouver scientifiquement que la principale cause des grands fléaux de la civilisation est la mauvaise qualité des aliments. Qu'il s'agisse de maladies cardio-vasculaires, de cancer, de tuberculose, de déséquilibre nerveux, de sénilité précoce, d'arthritisme, de rhumatisme, d'obésité ou de diabète, à l'origine, *TOUJOURS* il y a, soit une intoxication généralisée de l'organisme, soit des carences et généralement les deux à la fois. Et ces deux facteurs : *intoxication* et *carences* résultent principalement de l'alimentation sophistiquée imposée par les trusts qui ont monopolisé le marché de nos principaux aliments [2].

Pour notre malheur, la médecine ne se préoccupe pas de *mettre fin à ces causes* d'intoxication et de carences. Elle prend le malade tel qu'il est, lorsque la maladie s'est déclarée et s'efforce de le guérir par des remèdes plus ou moins violents et..., plus ou moins nocifs.

1. Voir annexe I.
2. Tout ceci est développé dans mon livre : *Le Médecin muet*.

Elle est devenue l'auxiliaire du pouvoir, avec pour principal objectif, de remettre le plus rapidement possible le malade en état de recommencer à travailler, à consommer et à payer les impôts.

***

Avant tout, il faut comprendre que notre corps est un édifice *vivant*, composé de myriades de cellules microscopiques, qui sont des êtres simples, organisés en sociétés. Ces sociétés forment les tissus, les organes, les os, les cartilages, les humeurs, etc...

Comme tout être vivant, ces cellules ont besoin d'aliments pour se construire, se reproduire et assurer leurs fonctions. Elles ont des besoins généraux, communs à toutes les races de cellules, comme l'oxygène, les protéines, les sucres, les graisses ; et des besoins particuliers, inhérents à leurs fonctions : certains sels minéraux, oligo-éléments diastases ou vitamines.

Le but de l'alimentation est de leur fournir *toutes* ces substances.

Elles ont également, comme tout être vivant, besoin d'éliminer les déchets de leur nutrition. Or toute substance fournie aux cellules par l'alimentation, qui ne leur est pas utile, *devient nuisible,* du fait qu'elle doit être éliminée, et que ces éliminations anormales viennent s'ajouter aux éliminations normales des déchets nutritifs.

Un organisme nourri exactement suivant les besoins des cellules qui le composent, sans plus, est comme un moteur qui tourne rond, sans bruit, sans dégagement de chaleur. Il possède en lui-même des ressources extraordinaires pour *se défendre tout seul* contre les intempéries, les intrusions de microbes, contre tous les « stresses » qui tendent, à chaque instant, à le détruire. C'est ce qu'on appelle *l'immunité naturelle.*

Le rappel de ces notions élémentaires était nécessaire pour permettre au lecteur de comprendre que nous nous faisons de la santé et de la maladie une idée tout à fait erronée. Je vais essayer d'en donner l'aspect réel.

CHAPITRE II

MÉDECINE OU MÉTHODE NATURELLE

Un jour d'octobre 1962, un membre de l'Académie d'agriculture, André Voisin, s'écria devant une assemblée de cancérologues et de médecins du monde entier :

Depuis deux cents ans, la médecine officielle n'a rien apporté de valable au sujet du cancer...

Personne ne demanda la parole pour le contredire [1] !

J'ai donné, dans l'avant-propos, les chiffres de la progression de cette maladie, ainsi que des maladies de cœur. J'ajouterai seulement qu'à l'heure actuelle (1971) cinq millions de Français sont atteints de troubles cardio-vasculaires.

On note des progressions semblables pour le diabète, le rhumatisme, la folie, l'arthritisme, la sénilité précoce, les malformations de nouveau-nés, etc...

Cet accroissement incroyable des maladies dégénératives coïncide d'ailleurs avec la diminution des

1. Je ne saurais trop recommander la lecture de son livre : *Sol, Herbe, Cancer* (Maison Rustique, éd.)

maladies infectieuses due à des médicaments puissants, dont le nom : « antibiotique », dit bien ce qu'il veut dire [2].

Les progrès de l'hygiène réalisés depuis le début du siècle ont diminué considérablement la mortalité chez certains malades, chez les opérés et surtout chez les nouveau-nés, ce qui fait croire, d'après les statistiques, à une amélioration de la santé publique et à un allongement de la vie humaine. C'est une illusion. Même en dehors de ceux que frappent les grands fléaux de la civilisation, les humains sont de plus en plus délicats, de plus en plus fragiles, de plus en plus souvent malades. Leur organisme a de moins en moins de résistance ; ils supportent de plus en plus mal les intempéries, passant six mois de l'année à traîner des rhumes, des bronchites, des grippes à répétition, tandis que, pendant les six autres, ils souffrent de leur foie, de leurs reins, de douleurs ou de constipation. Leur organisme est usé prématurément, et ils sont obligés d'arrêter toute activité vers cinquante ou soixante ans, c'est-à-dire au moment où, parvenus à ce qui devrait être *la moitié de leur vie*, ils devraient se trouver dans la force de l'âge.

La médecine de l'école, malgré tous les efforts

2. L'inventeur de la pénicilline, Fleming, avait mis le corps médical en garde contre l'emploi inconsidéré de ce genre de produits, qu'il considérait comme extrêmement dangereux et à n'employer *que lorsque toute autre médication a échoué*. La médecine officielle fait juste le contraire.

d'hommes éminents n'a donc été capable, ni de nous permettre de vivre sans être malades, ni de nous permettre de vivre jusqu'à l'âge normal de notre mort. Tout au plus arrive-t-elle à prolonger quelque peu, chez certains, la durée de *la vieillesse.* Mais est-il vraiment intéressant de prolonger la vieillesse ? C'est la jeunesse, l'âge adulte, qu'il faut prolonger, l'âge où l'homme est en pleine possession de toutes ses facultés...

La méthode de vie ayant pour base l'alimentation saine que j'ai mise au point permet d'obtenir ce résultat. Elle permet même des guérisons spectaculaires chez des personnes ayant tout essayé en vain. Et elle permet enfin ! de vivre sans jamais être malade.

Pour les lecteurs qui aiment à comprendre le pourquoi des choses, je vais indiquer brièvement les profondes différences qui existent entre le dogme médical officiel et la méthode de « La Vie claire » (très différente elle-même de la *diététique officielle,* pour des raisons que j'explique plus loin).

Ces divergences de vues viennent surtout d'une *différence d'attitude* en face de la maladie, attitude qui varie selon le concept philosophique sur lequel est fondé le dogme.

Le concept philosophique de la médecine moderne est purement matérialiste. On considère la maladie comme un événement fatal, imprévisible, provenant soit d'une cause extérieure (intempérie, agression microbienne, contagion, etc...) soit d'une malfaçon de l'organisme, un « défaut de fabrication ». On attache d'ailleurs peu d'importance à la recherche des causes de la maladie. Pourquoi le ferait-on : la Médecine toute-puissante n'a pas besoin de connaître ces causes. Elle dispose de médicaments d'une telle efficacité, d'une telle violence, qu'elle est capable, prétend-elle, de combattre n'importe quelle maladie et d'en triompher... Peu importe si, ce faisant, elle en prépare une autre plus grave encore... elle la soignera avec non moins de violence et ainsi de suite !

Le concept philosophique de « La Vie claire » est tout différent. Profondément croyant, je considère que notre corps est la plus merveilleuse machine qui se puisse concevoir, puisqu'elle est *vivante,* ce qui signifie qu'elle possède en elle-même les moyens de faire *durer* cet extraordinaire état qu'est la Vie, par *l'assimilation* des substances inertes, qui permet la prolifération cellulaire, c'est-à-dire le renouvellement de sa propre substance, la réparation des tissus lésés ou usés, en un mot l'entretien de la vie[3]. Certaines fonctions, comme *les fonctions adaptives* et *l'immunité naturelle* permettent à notre organisme de combattre victorieusement toute maladie, quelle qu'en soit la cause.

C'est parce que la vie dépend de l'assimilation, que nous devons attacher une importance de premier plan à la fonction de nutrition, la comprendre et l'étudier.

Quant aux causes de la maladie, puisque l'organisme est parfait au départ, elles ne peuvent provenir que

3. Voir deuxième partie : Prologue.

d'erreurs de conduite, d'hygiène, d'alimentation ou même de comportement moral.

Ce qui caractérise un organisme vivant est la faculté qu'il a d'*assimiler* la matière, de l'incorporer à soi-même et de la transformer en substance vivante. La prolifération des cellules se fait par division en deux : l'assimilation permet aux cellules de croître et de multiplier. Cette prolifération est intense. Elle compense exactement le nombre des cellules usées, détruites au cours de leurs fonctions. L'organisme doit en éliminer les déchets, c'est-à-dire ce qui ne peut être réutilisé. *Ces fonctions d'assimilation et d'élimination caractérisent la Vie.* Le vieillissement est leur ralentissement ; la mort, leur arrêt.

Ces diverses causes ont pour résultat de provoquer dans l'organisme, deux sortes de troubles : des intoxications et des carences. C'est l'un ou l'autre de ces deux facteurs — et souvent, les deux en même temps — qui permettent l'apparition de la maladie. Le processus de déchéance qui conduit à la maladie, s'il n'est pas toujours réalisé de manière identique chez tous les malades, présente une grande unité, tant par ses causes que par son déroulement : il part toujours d'une alimentation à la fois carencée et intoxicante pour aboutir à un effondrement précipité par des facteurs accidentels variables. La médecine moderne ne s'est pas aperçue que les symptômes qu'elle soigne sous le nom de « maladies » ne sont que des complications accidentelles tardives, appelées par la fragilité de l'organisme intoxiqué et carencé, c'est-à-dire *déjà malade.* Elle ne voit pas — ou ne veut pas voir — que, lorsqu'on tombe malade, c'est qu'on n'était déjà plus, *depuis longtemps*, en bonne santé, qu'on avait — et parfois depuis de nombreuses années — la maladie en soi, en potentiel, prête à se déclarer sous l'action d'une cause déclenchante quelconque.

La plupart des gens prennent cette cause déclenchante pour la maladie elle-même. Ils croient qu'un rhume est dû à un coup de froid, une grippe à un microbe. L'arbre leur cache la forêt. En réalité, le refroidissement, le microbe, ne sont que des facteurs déclenchants.

En face de la maladie, il y a donc deux attitudes possibles. Ou donner toute l'importance au microbe et le combattre : c'est ce que fait la médecine ; ou donner toute l'importance au terrain, rétablir son intégrité par l'élimination des toxines, par une alimentation propre à combler les carences, et c'est alors *l'organisme lui-même* qui se défend contre les microbes.

Il est clair qu'on ne peut parler de *guérison* chez un malade dont on a seulement détruit les germes infectieux au moyen d'un antibiotique, traitement de violence qui, non seulement n'a nullement remédié à l'affaiblissement du terrain, mais a aggravé encore ses carences et diminué son immunité naturelle, en détruisant sa flore intestinale[4].

4. C'est la flore intestinale qui élabore certaines vitamines et hormones constituant de véritables facteurs de protection de l'organisme.

C'est pourtant *la solution médicale* du problème de la maladie. Mauvaise solution puisqu'elle ouvre la porte à d'autres maladies et surtout à une usure prématurée de certains organes comme le foie, les reins, chargés de neutraliser la toxicité des médicaments.

Cette solution médicale de la maladie conduit fatalement au cancer, aux maladies cardio-vasculaires et autres maladies dégénératives.

En effet, le cancer, prolifération anarchique de cellules, a pour origine diverses carences dues à de mauvais aliments, ne contenant pas tout ce qu'ils devraient, notamment certains facteurs de protection de la plus haute importance que j'indique plus loin ; également certaines intoxications, notamment l'ingestion de facteurs cancérogènes qui se trouvent maintenant ajoutés à de nombreux aliments industriels[5].

Il est facile de comprendre que, lorsque la médecine remet sur pied un malade au moyen d'antibiotiques, sans même se demander quelle était la cause de sa maladie, et si celle-ci ne serait pas, par hasard, un avertissement destiné à signaler des carences ou des intoxications, elle agit exactement comme quelqu'un qui couperait le fil d'une sonnette d'alarme pour ne pas être dérangé !

Il en est de même lorsqu'elle stimule un cœur, sous prétexte qu'il a de la peine à pousser le sang devenu trop épais, dans des vaisseaux devenus de plus en plus étroits à cause des dépôts de boues de cholestérol

5. Voir Annexe II.

que forment le beurre et les graisses animales consommés en excès.

Ne vaudrait-il pas mieux conseiller au cardiaque d'avoir une nourriture qui ne lui épaississe pas le sang et ne le charge pas de cholestérol en excès ?

Il est vrai que, si la médecine procédait ainsi, il n'y aurait plus de malades et je n'aurais pas besoin d'écrire ce livre...

Retenons que les deux grandes causes de maladies sont les intoxications et les carences provenant de la mauvaise qualité de nos aliments et que, dans la plupart des cas, ces deux causes se trouvent réunies.

Dans les chapitres suivants, j'étudie les principaux fléaux de la civilisation : l'arthritisme, le cancer, les maladies cardio-vasculaires, l'obésité, la déminéralisation, le déséquilibre nerveux.

Le lecteur intéressé par d'autres affections les trouvera décrites dans mon livre : *Le Médecin muet.*

CHAPITRE III

L'INEXORABLE PROCESSUS DE L'ARTHRITISME ET LA SÉNILITÉ PRÉCOCE

A - Arthritisme = Intoxication

Le type parfait de l'intoxiqué, c'est l'arthritique.

Il faut bien comprendre ce qu'est l'arthritisme. Ce n'est pas une maladie, mais *un état*. Un état d'où découleront, peu à peu, d'innombrables maladies.

Cliniquement, l'arthritisme est caractérisé par une acidité des humeurs. Dans l'état normal, le sang est un milieu presque neutre, légèrement acide. Cet équilibre acido-basique est constamment maintenu par des sécrétions glandulaires.

Une précision s'impose ici pour relever une erreur fréquente de la part de certaines écoles naturistes dont les adeptes considèrent les fruits dit « acides » (le citron, l'orange, le pamplemousse, la tomate, etc...) comme dangereux parce que susceptibles d'augmenter l'acidité du sang. En réalité, ces fruits, lorsqu'ils sont mûrs, sont tempérés dans leur acidité par des substances alcalines qu'ils contiennent également. Ce n'est pas l'acidité d'un fruit ou d'un légume qui est dangereuse, mais celle qui naît spontanément des fermentations, dans l'intestin, des substances azotées prises en excès, lorsqu'on consomme des aliments trop riches en protides, comme la viande, les lentilles, les haricots verts, le soja, etc... [1]

Le point de départ de l'arthritisme est donc une acidité anormale du sang résultant d'une alimentation trop riche en protides, c'est-à-dire d'une alimentation mal équilibrée.

A partir de là, l'arthritisme se développe selon un lent, mais inexorable processus, qui est sensiblement le même chez tous les individus nourris de cette façon.

Seules varient la durée de chaque phase de la maladie et la localisation de celle-ci, qui change d'un sujet à l'autre, suivant son tempérament, ses points faibles, et se termine par une usure prématurée de certains organes vitaux, comme le foie, les reins, le cœur, le cerveau. C'est cette lente agonie à laquelle nous assistons hélas ! trop souvent, chez des personnes de notre entourage, parvenues au dernier stade de l'arthritisme : *la phase fatale.*

Ces ultimes manifestations de l'état arthritique ne sont pas autre chose que la sénilité précoce ; le vieillissement de l'individu provient des modifications du milieu intérieur. Mais ces modifications mortelles sont dues elles-mêmes à l'insuffisance des organes d'élimination, à leur affaiblissement prématuré. Le drame est

1. Voir Annexe IV.

que, chez les civilisés, ces phénomènes se produisent trente ou quarante ans plus tôt que la normale.

On rencontre des hommes de cinquante ou même de quarante ans qui portent déjà les stigmates de la sénilité. Et, lorsqu'on reçoit leurs confidences, on apprend avec stupeur que ces hommes, qui devraient être dans la force de l'âge, sont déjà devenus, physiologiquement, des vieillards, à tous les points de vue...

On peut dire que l'arthritisme abrège l'existence de moitié. A l'âge où l'on commence à avoir une certaine expérience de la vie et des affaires ou une grande maîtrise de son art, et où, par conséquent on pourrait avoir de plus en plus de *valeur*, et occuper, de ce fait, une situation de plus en plus importante, on commence à décliner, à être obligé de se ménager et l'on voit ses facultés cérébrales, en même temps que sa vigueur physique s'effondrer, jusqu'au moment où l'on tombe dans la monomanie et le gâtisme.

Simplement parce qu'on a négligé de s'instruire de la connaissance la plus utile qui soit : *l'art de se nourrir sainement.*

B - Doublez la durée de votre existence

Peu de gens savent en effet quelle est la durée normale de la vie humaine. C'est un renseignement que la science tait soigneusement, sans doute pour cacher son impuissance à nous donner les moyens de reculer la sénilité [2].

Pourtant, cette notion n'a rien de mystérieux ; il existe un moyen de la calculer scientifiquement. C'est Buffon qui, le premier, observa que, chez tous les mammifères, la longueur de la vie est égale à cinq fois la durée de la période *d'ossification des os longs.* Ce fait a d'ailleurs été ensuite confirmé par Haller, Hufeland, Fleurens, etc... En sachant à quel âge la soudure des os est terminée, on peut calculer la durée moyenne de la vie d'un mammifère et, par conséquent, d'un homme.

Or, chez l'homme, la science considère que, actuellement, l'ossification est terminée à 25 ans. La durée *moyenne* normale de la vie humaine serait donc de *125 ans.*

	Soudure	Durée moyenne vie
Lapin	1 an	5 à 8 ans
Chat	1 an 1/2	9 à 10 ans
Chien	2 ans	10 à 12 ans
Lion, bœuf	4 ans	20 ans
Cheval	5 ans	25 ans
Chameau	8 ans	40 ans
Eléphant	30 ans	150 ans

2. L'état sénile est une anomalie qui ne se rencontre que chez les humains et les animaux domestiques, c'est-à-dire vivant anormalement. Les animaux sauvages ignorent la sénilité. Le « lion devenu vieux » ne se rencontre que dans les fables de La Fontaine : parce que le fabuliste donnait à ses personnages l'apparence d'animaux pour peindre sans danger les hommes de son temps.

A l'appui de cette thèse, quelques exemples de durée moyenne de la vie d'animaux sont donnés page ci-contre.

Il ne s'agit là que de chiffres moyens et non maxima. Ils sont donc souvent dépassés... chez les animaux, par des sujets particulièrement sains et vigoureux. C'est rarement le cas chez les humains : les centenaires sont si rares que les journaux en parlent lorsqu'ils y en a un dans un village !

D'où vient cette anomalie ? Les expériences de Carrel nous éclairent sur ce point. Elles montrent tout d'abord qu'un organisme humain ou animal est *pratiquement immortel.* On sait que l'organisme est constitué de myriades de petites cellules vivantes qui se reproduisent par division en deux, de telle sorte que, dans ce monde étrange qu'est le peuple des cellules, il n'y a pas de cellules-mères, ni de cellules-filles. Or, dans les expériences qu'il fit sur des fragments de tissus vivants cultivés en bocaux, Carrel a réussi à faire vivre des groupes de cellules beaucoup plus longtemps que la durée de la vie entière de l'animal sur lequel ces tissus avaient été prélevés.

En 1935, il écrit, dans son livre : *L'Homme, cet inconnu* : « Les colonies provenant d'un fragment de cœur, extirpé à un embryon de poulet au mois de janvier 1912, s'accroissent aussi activement aujourd'hui qu'il y a 23 ans. » Et il ajoute : « En fait, elles sont immortelles. »

Ceci nous apporte la preuve que, placées dans des conditions optima de nutrition et surtout d'*élimination des déchets*, une colonie cellulaire pourrait subsister indéfiniment. Les cellules se reproduisent ; il y en a qui meurent, qui se trouvent détruites, mais la colonie existe toujours : elle est donc immortelle.

Or, notre corps n'est pas autre chose qu'un édifice composé d'innombrables colonies cellulaires, de groupes dont chacun peut, théoriquement, subsister indéfiniment. Par conséquent, notre corps lui-même peut, théoriquement, vivre indéfiniment. D'où vient donc que, dans la pratique, il se dégrade et meurt ?

Le vieillissement de notre corps, sa mort, proviennent de ce que les appareils chargés de *l'épuration du milieu liquide* dans lequel baignent les cellules, s'usent peu à peu et perdent de leur efficacité. Il s'agit du cœur, des poumons, du foie — dont une des fonctions consiste à neutraliser certains poisons —, des reins et aussi des glandes sudoripares, qui complètent la fonction d'élimination des reins [3].

A un certain moment, ces organes n'arrivent plus à empêcher les modifications des humeurs et des tissus. Ceux-ci, incomplètement débarrassés des déchets de désassimilation provenant des aliments, et des résidus de cellules mortes [4], s'encombrent d'éléments non

3. On estime la superficie de la peau d'un corps humain de taille moyenne à un peu plus de 2 m^2. Le poids de la peau est d'environ 4 kilos. La couche germinatrice de l'épiderme doit être considérée comme une des plus grandes glandes endocrines de l'organisme.

4. On a calculé qu'en six ou sept ans, toutes les cellules d'un organisme humain — exception faite pour les cellu-

vivants : fibres conjonctives, dépôts de calcium, cholestérol, graisse, etc... Les vaisseaux perdent leur élasticité, deviennent durs. Les glandes sécrètent moins, la reproduction cellulaire se ralentit.

Ce sont ces divers phénomènes qui provoquent la sénilité précoce.

A partir du moment où l'on a compris ce processus, qui fait de la plupart des hommes de soixante ans des vieillards avant l'âge, il est facile de l'éviter, c'est-à-dire de *doubler la durée de son existence active.*

J'indique comment dans la deuxième partie.

les nerveuses qui ne régénèrent qu'une partie de leur protoplasme — se trouvent entièrement renouvelées au rythme de 6 à 7 milliards de cellules par jour. (Dr. A. Salmanoff : *Secrets et Sagesse du Corps*, La Table Ronde). D'après ces chiffres, on peut évaluer les déchets cellulaires de chaque jour, à 3 g. environ.

CHAPITRE IV

LE CANCER : SYMBOLE ET SANCTION DE L'ÉGOÏSME

Dans une société bien organisée, chaque groupe d'individus travaille dans l'intérêt de la communauté, accomplissant sa tâche sans bruit ni récriminations, et les rapports entre les différents corps, entre les diverses classes, du haut en bas de la hiérarchie, sont régis par des règles précises, que chacun respecte sans les discuter.

Ainsi en est-il dans certaines sociétés humaines, comme aussi chez certains insectes : les fourmis, les abeilles. Egalement dans le monde des cellules. Celles-ci forment des sociétés : ce sont nos tissus et nos organes. « Mais l'analogie de ces sociétés aux communautés humaines est bien superficielle. Car l'individualité des cellules est beaucoup moins grande que celle des hommes et même des insectes... » (Carrel).

Or, dans la société humaine, il arrive qu'un groupe d'individus, une classe, un syndicat, un parti politique, se mette tout à coup à prendre de l'importance, à s'organiser, à proliférer et à se rebeller contre les règles de la communauté, pour dominer les autres, se réserver tous les avantages au mépris de l'intérêt supérieur de la communauté, allant jusqu'à sacrifier l'avenir de celle-ci à l'intérêt immédiat du groupe.

C'est la révolution, l'anarchie et finalement la destruction...

C'est exactement l'image du cancer.

La tumeur cancéreuse résulte d'une prolifération anarchique de cellules, due à certaines carences, qui affaiblissent le terrain, et à des intoxications qui déclenchent le phénomène.

Dans les conditions normales, les cellules qui composent notre organisme croissent et multiplient selon des lois précises et chaque groupe prolifère à un rythme déterminé, en harmonie parfaite avec les autres groupes, de telle façon qu'aucun d'eux ne puisse nuire aux autres, ni par ses besoins nutritifs, ni par les nécessités d'élimination de ses déchets.

Lorsqu'un groupe de cellules se met tout à coup à proliférer de façon anarchique, c'est-à-dire hors de toute règle et sans mesure, au mépris des lois auxquelles il se soumettait jusque-là, c'est exactement la même chose que lorsque, dans la société humaine, un groupe d'individus cherche à accaparer des richesses, des aliments ou des territoires, au détriment des groupes voisins. Cela peut se produire à l'échelle de la nation : c'est alors la guerre avec une autre nation ; à une échelle plus réduite, cela peut être un parti politique prenant le pouvoir, un syndicat industriel s'emparant d'un marché. Quelle que soit l'échelle, c'est l'égoïsme qui mène le jeu.

Nous voici loin, dira le lecteur, des causes physiologiques du cancer, carence d'oligo-éléments et de facteurs de protection, intoxication par des substances cancérogènes ajoutées aux aliments...

Pas si loin qu'il semble, à première vue.

En effet, quelle est l'origine des carences d'oligo-éléments ? Une des principales est *le pain blanc,* ce pain que j'ai appelé « pain cadavre » parce qu'il est fait d'une farine dont on a retiré le germe et l'assise protéique, c'est-à-dire les parties les plus riches, celles contenant les oligo-éléments et les vitamines qui nous protègent contre le cancer [1], ces petites baguettes cuites à plus de 250°, température qui détruit toute vie... Or, pourquoi a-t-on imposé à la population la consommation d'un tel pain ? Simplement sous la pression du syndicat de la grande Meunerie, pour laquelle il est plus avantageux de retirer les éléments nobles du blé, pour les vendre aux laboratoires... qui en tirent des fortifiants ou des nourritures pour doper les chevaux de course... et les gens affaiblis.

Ce syndicat n'agit-il pas égoïstement, dans le but d'enrichir ses membres aux dépens des consommateurs, au mépris des lois morales les plus élémentaires ?

Le même raisonnement pourrait être fait pour les huiles raffinées, dont le facteur F disparaît au cours des traitements industriels qu'elles subissent, ce facteur

1. Voir Annexe III.

de protection si précieux pour les pré-cancéreux et les cardiaques ; pour la margarine et autres graisses hydrogénées [2] ; pour la viande d'animaux élevés aux antibiotiques [3] ; pour les aliments pollués par des colorants ou des arômes synthétiques, des conservants chimiques, des résidus de traitements insecticides ou herbicides. Tous les producteurs, tous les fabricants de ces aliments cherchent à gagner plus, à accaparer le marché en luttant de prix contre leurs concurrents, sans se soucier le moins du monde des conséquences que peuvent avoir, pour la santé des consommateurs, les aliments carencés ou toxiques qu'ils produisent.

C'est bien toujours la même faute : *l'égoïsme*, qui fait perdre tout sens moral et empêche de se soucier de ses semblables...

Dans le cas du cancer, c'est la même chose : par suite d'une cause encore ignorée — du moins de la médecine officielle — un groupe de cellules, tout à coup, se met à se reproduire à un rythme beaucoup plus rapide que les autres, formant une sorte d'excroissance, que l'on appelle « tumeur » et dont la vie collective : nutrition, dénutrition et reproduction va devenir nuisible aux groupes voisins d'abord, puis à tout l'organisme.

C'est ce qui me fait dire que le cancer est le symbole

2. Voir Annexe V.
3. Voir Annexe VI.

de l'égoïsme, de ce même égoïsme de clan dont souffre notre société et qui tend d'ailleurs à la détruire, tout comme le cancer détruit le corps humain.

***

Il m'arrive, dans les débats publics qui suivent mes conférences, d'exprimer cette idée que le cancer est à la fois le symbole de l'égoïsme et sa sanction...

Très souvent, cette façon de voir choque certains auditeurs qui ont perdu un être cher, des suites de cette maladie, et qui me disent : « Vous êtes injuste car mon père, qui est mort du cancer, était un homme bon et généreux ; il faisait beaucoup de bien autour de lui, et il ne serait venu à l'idée de personne de le traiter d'égoïste... »

Je réponds généralement à cette objection par quelque artifice d'argumentation, afin de ne pas faire de peine à mon interlocuteur. C'est un peu lâche de ma part et je voudrais m'expliquer une bonne fois ici sur ce point.

Le brave homme de père, mort du cancer, n'aurait certainement pas fait de mal à une mouche. C'était peut-être un bon mari et un père excellent. Il aimait ses enfants et les comblait de cadeaux. Il donnait aux pauvres...

Mais il était boulanger, meunier, éleveur de bétail, fabricant de conserves, de margarine, raffineur d'huile, distillateur, bistrot, pharmacien, président de syndicat ou ministre, et, à ce titre, il est responsable de la mort dans d'atroces souffrances, de centaines, de milliers, de millions, peut-être, de ses semblables, de cancer, de crise cardiaque ou de cirrhose...

Pour lui, le cancer a bien été la sanction !

Carrel a écrit : « *La maladie, c'est le péché* »...

CHAPITRE V

S.O.S... CRISE CARDIAQUE !

A - Les deux cœurs

Si vous regardez le centre de la figure représentant la coupe schématique d'un cœur humain, vous constaterez que la paroi qui sépare le cœur en deux n'est traversée en aucun point. Il n'y a aucune communication entre le côté droit et le côté gauche du cœur. On pourrait dire : entre le cœur droit et le cœur gauche. Nous avons donc réellement *deux cœurs*, comme nous avons deux reins, deux poumons...

D'un côté — le côté droit — il y a le sang veineux ; de l'autre — le gauche — c'est le sang artériel.

Le sang usé, chargé de déchets et de gaz carbonique revient dans le cœur droit (à gauche sur la figure), par l'oreillette droite. De là, il passe dans la partie inférieure du cœur droit, le ventricule droit, à travers une valve qui ne permet le passage que dans ce sens. Puis il est envoyé dans les poumons où il va perdre son gaz carbonique et se charger d'oxygène : se régénérer.

C'est alors qu'il revient dans l'oreillette du cœur gauche, pour passer dans le ventricule gauche à travers une valve qui ne permet pas, elle non plus, le retour dans l'oreillette. Du ventricule gauche, ce sang rénové va être envoyé dans tout l'organisme, à travers toutes les artères, pour apporter ce précieux oxygène aux cellules.

Bien entendu, cette description est purement schématique et a pour but de faire comprendre le mécanisme de cette pompe aspirante et refoulante *à double corps couplé* qu'est notre cœur.

La réalité est beaucoup plus compliquée car, en dehors des poumons, il y a bien d'autres appareils de purification du sang : le foie, la rate, les reins, les ganglions lymphatiques. Ces différents organes travaillent à maintenir la pureté du sang, à éliminer les déchets de désassimilation cellulaire, les poisons absorbés dans l'air, dans la nourriture, dans l'eau...

Le plus important travail est l'évacuation des déchets de la nutrition cellulaire. Car ces déchets sont considérables.

Dans les expériences qu'il a faites sur des tissus vivants cultivés en bocaux, Carrel a réussi à faire vivre, ainsi que je l'ai déjà indiqué (chap. III), des fragments de chair vivante de poulet plus longtemps que ne vivent des poulets eux-mêmes.

Pour que ces expériences réussissent, il fallait donner à ces colonies de cellules un volume de liquide nourricier égal à 2 000 fois leur propre volume. Sans quoi, ils se seraient empoisonnés eux-mêmes par les

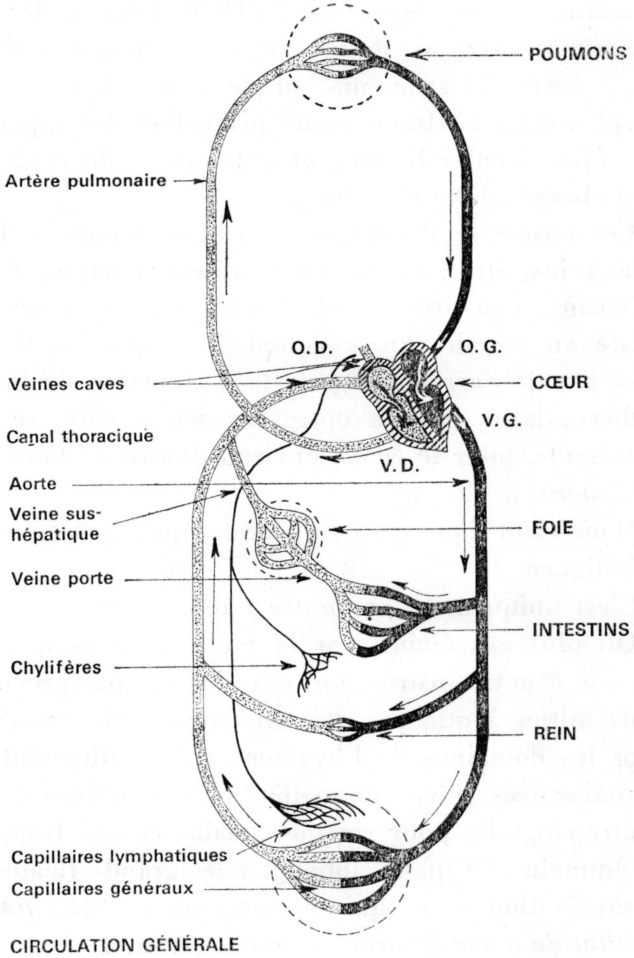

SCHÉMA DE LA CIRCULATION

déchets de leur nutrition. A l'échelle d'un corps humain, cela représenterait 200 000 litres de liquide nourricier. Or, si notre corps se contente de 6 ou 7 litres de sang au lieu de 200 000, cela tient simplement à l'extraordinaire perfection des appareils qui font circuler le sang et notamment de ceux qui sont chargés de le régénérer.

Cet ensemble d'appareils : cœur, poumons, foie, rate, reins, etc..., et surtout le réseau compliqué des vaisseaux, constitue le plus prodigieux système qui existe au monde, un « complexe » qui fonctionne sans jamais s'arrêter, depuis la 3e semaine de la vie embryonnaire, jusqu'à notre dernier souffle, ce qui représente, pour le cœur, environ *quatre milliards de battements...*

D'où vient donc qu'il se dérègle, qu'il présente des défaillances ?

C'est uniquement *par notre faute.*

Ou plus exactemnt, par la faute de ceux qui ont présidé à notre instruction, et qui n'ont pas prévu de nous initier à quelques connaissances indispensables, dans les domaines de l'hygiène et de l'alimentation, connaissances grâce auxquelles nous pourrions éviter quatre-vingt-dix pour cent des maladies qui frappent les humains, ce qu'on appelle « les grands fléaux de la civilisation », et qui ne sont, en réalité, *que le résultat de notre ignorance*, de nos erreurs.

Dans la seconde partie de ce livre, je donne au lecteur tous les renseignements dont il a besoin pour combler cette lacune.

B - Le problème de la circulation

En attendant, constatons que le problème de la circulation dans un corps humain se pose exactement de la même façon que dans une grande ville.

Il est amusant de s'apercevoir que, dans l'un comme dans l'autre, il y a de grandes voies : les artères et puis de plus étroites. Dans les villes, ce sont des ruelles. Dans le corps, on les appelle vaisseaux « capillaires ».

A Paris, il y a 1 135 km de rues, grandes ou petites. Dans un corps humain, il y a 100 000 km rien que pour les vaisseaux capillaires[4].

Toutes ces voies de circulation — tant dans la ville que dans le corps humain — correspondent à un débit normal. Mais, si le nombre des voitures circulant dans les rues augmente ; si la quantité de substances non assimilées ou de déchets de nutrition cellulaire transportés par le sang augmente, il y a embouteillage.

De même, si la largeur des voies de circulation diminue du fait, *dans la ville*, de véhicules en stationnement ; *dans le corps humain*, de dépôts de graisses et de cristaux de cholestérol le long de la tunique interne des vaisseaux, il y a ralentissement de la circulation, ou même arrêt...

Tout cela est facile à comprendre.

4. D'après le docteur Salmanoff : *Secrets et Sagesse du Corps* (La Table Ronde, éd.)

Dans ce cas, il n'y a que deux solutions possibles. A Paris, la préfecture de police, au moment du Salon de l'Auto qui, tous les ans, à la rentrée, marque le commencement des embouteillages, recommande aux possesseurs de voitures d'éviter de circuler, de laisser leur voiture au garage. Solution un peu simpliste. La deuxième solution consiste à élargir les rues. C'est ce qu'on fait... lorsque c'est possible.

Pour la circulation dans le corps humain, c'est la même chose. Les deux mêmes solutions sont valables.

On peut diminuer le volume de substances véhiculées par le sang, particulièrement les déchets de désassimilation en ne mangeant pas trop. Et, chose extraordinaire, on peut également élargir les voies de circulation, notamment les 100 000 km de capillaires !

Ce sont ces techniques que j'explique dans la deuxième partie, en même temps que quelques autres, et qui permettent aux chefs d'entreprises surmenés d'éviter l'infarctus, c'est-à-dire l'embouteillage des vaisseaux.

CHAPITRE VI

LE POIDS, CET ASSASSIN !

On a beaucoup écrit sur la question de l'obésité, de la ligne, de la cellulite...

Malheureusement, on n'a pas dit l'essentiel. Je vais donc essayer de le résumer.

Approximativement, le poids d'un adulte européen doit varier entre 5 à 10 kg de moins que le nombre de centimètres au-dessus du mètre de hauteur. Les variations dépendent de la grosseur du squelette, suivant la race, le tempérament, la constitution.

Lorsque le poids est supérieur, il y a obésité, état entraînant un certain nombre d'inconvénients : difformité physique, accélération du vieillissement, fragilité, fatigue générale, et surtout fatigue du cœur et des vaisseaux.

Il est facile de comprendre qu'un cœur constitué en proportion de la taille du sujet et, par conséquent, de son poids idéal, éprouvera une fatigue énorme et une usure prématurée si le sujet pèse 10 ou 20 kg de trop. Il sera dans la même situation que celui d'un individu qui se promènerait toute la journée avec un poids de 10 ou 20 kg sur les épaules, pour marcher, travailler, monter les escaliers, etc...

La cause de l'obésité n'a rien de mystérieux. A part de rares cas de malformations héréditaires, elle se produit tout simplement *lorsqu'on mange trop* ou lorsque l'alimentation est mal équilibrée. Plus précisément, lorsque les quantités de glucides (sucres et amidons) et de lipides (graisses) absorbées sont supérieures à celles utilisées.

Il faut savoir que le principal rôle des glucides et des lipides, dans la ration quotidienne, est d'apporter à l'organisme, l'énergie nécessaire au mouvement. C'est dans les sucres et dans les graisses que nous puisons l'énergie nécessaire à notre activité musculaire. Il est facile de comprendre qu'un terrassier, un cultivateur, ont besoin de rations de sucre et de graisse plus importantes qu'un comptable.

Toutes les quantités de sucre et de graisse non utilisées — ce qui est le cas chez un sédentaire gros mangeur — sont *mises en réserve* par l'organisme.

Une des fonctions du foie est de transformer en glycogène, les sucres inutilisés. Ce glycogène est alors stocké par le foie qui le mettra en circulation lorsque de grosses dépenses d'énergie en feront sentir le besoin.

Il est évident qu'avec la vie moderne, les personnes croyant avoir une grande activité, comme chef d'entreprise, comme député, comme ministre, comme acteur, etc... n'ont qu'une dépense physique réduite, se déplaçant continuellement en voiture ou en avion, prenant l'ascenseur pour monter les étages, etc. Il s'agit pour la plupart d'entre eux, plutôt, d'une dépense *nerveuse* qui les pousse à manger trop, en mâchant peu, à fumer et à « avoir besoin » d'alcool.

Il est facile de comprendre que si chaque jour, la ration de glucides dépasse la dépense d'énergie, le foie ne peut pas stocker indéfiniment le glycogène. Lorsque les cellules du foie sont gorgées de réserves, ce qui ne va d'ailleurs pas sans inconvénients, cet organe a la possibilité de transformer l'excès en graisse. Cette graisse en excès, jointe à la graisse absorbée en trop dans l'alimentation, va à son tour être mise en réserve en se localisant dans diverses parties du corps. Tel est, schématiquement expliqué, le mécanisme de l'obésité.

Il y a cependant des obèses qui mangent peu et qui ont l'impression que la moindre nourriture leur fait prendre du poids. Ce cas se rencontre surtout chez les femmes. Il peut s'agir d'un mauvais fonctionnement des glandes, conduisant à un dérèglement des mécanismes d'assimilation. Il existe différents cas ; mais ils ont tous un point commun : au départ, il y a toujours une alimentation incorrecte, mal équilibrée et comportant des carences de sels minéraux, oligo-éléments ou vitamines, en un mot, une alimentation n'apportant pas à l'organisme tout ce dont il a besoin pour fonctionner normalement.

Mais, dans le premier cas examiné, le plus fréquent, celui de l'obèse par excès de nourriture, cette boulimie, cette « gourmandise » ne sont elles-mêmes que des conséquences de *carences* dans l'alimentation. Le besoin instinctif qui pousse un enfant à voler du sucre, une femme à se bourrer de petits gâteaux, un homme à dévorer d'énormes morceaux de viande, ou à beurrer ses tartines lorsqu'il mange du foie gras, vient simplement du fait que leur organisme, insatisfait, cherche désespérément certains éléments nutritifs indispensables qui lui font défaut.

Dans tous les cas, l'obésité vient d'une alimentation incorrecte. Il est donc très facile d'y remédier, non point par des régimes absurdes, encore plus déséquilibrés et qui ne sont que des demi-jeûnes, extrêmement dangereux, et de plus inopérants, parce que impossibles à suivre assez longtemps pour arriver à un résultat durable, et dont le sujet s'empresse d'annuler les effets en se bourrant de nourriture sitôt la cure terminée, mais au moyen d'une méthode alimentaire saine et équilibrée, satisfaisant pleinement les besoins normaux de l'organisme [1].

Cette méthode est décrite et expliquée dans la deuxième partie.

1. Il est dangereux de maigrir *rapidement*. En effet, chez l'obèse, le cœur est hypertrophié pour faire face au transport de ce poids supplémentaire. L'amaigrissement rapide peut donc provoquer des accidents cardiaques ou circulatoires. En outre, la graisse humaine — comme toute graisse animale — contient 4 g. de cholestérol par kg. Ce cholestérol, difficile à éliminer, se trouvant brusquement remis en circulation va provoquer les accidents bien connus dûs à l'excès de cholestérol dans le sang. Il ne faut pas chercher à dépasser 2 à 3 kg par mois de perte de poids.

CHAPITRE VII

DÉMINÉRALISATION ET DÉSÉQUILIBRE NERVEUX

La déminéralisation est une affection au sujet de laquelle la médecine officielle s'est longtemps trompée. Aux malades manquant de calcium, par exemple, elle ordonnait des médicaments chimiques à base de chaux ou, ce qui était encore plus nocif, des piqûres de calcium, dont le sang s'empressait de se débarrasser... en le déposant sur la paroi interne des vaisseaux où il s'incrustait peu à peu. (Voir 2e partie, Chap. III : Protection contre les maladies cardio-vasculaires.)

Ce problème, en effet, n'est pas si simple que cela. Le corps humain n'est pas une cornue dans laquelle il suffit de mettre ce qui manque pour que tout aille bien ! Tout d'abord, il faut savoir que le « terrain » est extrêmement variable chez un même sujet. La moindre indisposition fait disparaître instantanément certains sels. Une ou deux nuits d'insomnie ou quelques soirées prolongées un peu tard, et voilà certains minéraux qui, au lieu d'être fixés par les cellules, se trouvent éliminés dans les urines. Certains médicaments détruisent les vitamines, ou bloquent des minéraux. L'excès de certains métaux fait baisser la teneur en certains autres. L'absence de certains oligo-éléments empêche l'action d'autres éléments présents. C'est ainsi qu'il peut y avoir anémie sans carence de fer, parce qu'une carence de cobalt empêche le fer d'agir...

On a également constaté que des « transferts » s'opèrent continuellement dans l'organisme. Il semble que chaque événement, chaque affection troublant le milieu cellulaire en un point quelconque du corps, provoque la mobilisation de certains sels. Il est donc indispensable d'avoir des *réserves* des principaux sels et oligo-éléments protecteurs, pour parer aux innombrables « stresses », aux chocs de toute sorte que subit notre organisme, à longueur de journée, surtout lorsqu'on a une vie très active, comme c'est le cas des personnes auxquelles s'adresse ce livre.

Dans ce domaine, d'importants travaux ont été publiés récemment, sur les « *Transmutations naturelles* », se produisant dans les êtres vivants. Il s'agit des ouvrages de C. Louis Kervran, dans lesquels l'auteur montre que des minéraux se trouvent littéralement transmutés en d'autres substances, sous l'action de micro-organismes.

Malgré l'importance du sujet, je ne peux m'étendre davantage sur ces phénomènes, renvoyant le lecteur aux ouvrages de l'auteur [1].

1. C. Louis Kervran : *Transmutations biologiques* ; *Transmutations naturelles. Transmutations à faible énergie. Preuve de l'existence des transmutations biologiques* (Maloine).

Pour en revenir au point de vue pratique du problème de la décalcification, il faut savoir que, quelle que soit la façon de se nourrir, que l'on ait une alimentation carnée ou végétarienne, on trouve toujours assez de calcium pour satisfaire aux besoins quotidiens de l'organisme.

Mais le problème est de *fixer* ce calcium.

Un certain nombre de facteurs sont nécessaires pour cela :

— Présence du *magnésium* et de *vitamine D* qui interviennent dans la fixation de ce corps.

— *Equilibre nerveux*, sans lequel cette fixation est impossible.

— Temps de sommeil suffisant, dans le calme, et aux bonnes heures [2], sans lequel il y a immanquablement déséquilibre nerveux.

Il est extrêmement facile d'éviter ce qu'on appelle la « dépression nerveuse », qui n'est autre chose qu'un déséquilibre des nerfs surmenés par une vie contre nature et TOUJOURS un temps de sommeil insuffisant.

Cette affection, fréquente chez les hommes d'affaires, les chefs de grandes entreprises, les politiciens, les vedettes de cinéma ou de la chanson, ne peut être évitée que si l'on s'impose une discipline sévère aussi bien dans le travail que dans les plaisirs.

2. On devrait dormir à 21 h ou 22 h, au plus tard, pendant 8 h pour un adulte, 7 h pour un vieillard. La qualité du sommeil est meilleure pendant la première partie de la nuit, avant 2 h du matin.

Il faut savoir se reposer à certaines heures, se détendre. Il faut surtout ne pas se croire indispensable — erreur fréquente chez les chefs d'entreprises — et savoir se faire aider, même si cette collaboration est coûteuse et diminue le profit. Si l'on réfléchit bien, étant donné ce que nous prend l'Etat, cet associé insatiable qui ne participe qu'aux bénéfices, sans avoir mis un sou dans nos affaires... il vaut mieux diminuer nos bénéfices en rétribuant généreusement des collaborateurs de valeur, qui nous permettent de prendre le repos indispensable et de prolonger notre vie.

Ce conseil, valable pour les chefs d'entreprises, les professionnels de la politique, les grands avocats, etc... l'est aussi pour les artistes, bien qu'il semble, à première vue, que leur prospérité repose exclusivement sur leur personne, sur leur valeur artistique. C'est une erreur car, à notre époque, les artistes, pour réussir, ont besoin de toute une organisation publicitaire et commerciale, pour laquelle des collaborateurs qualifiés sont doublement indispensables : tout d'abord parce que l'artiste est lui-même, en général, peu doué pour ces problèmes matériels, ensuite, parce que c'est le seul moyen, pour lui, de se réserver des temps de repos et de détente suffisants.

Combien avons-nous vu de jeunes vedettes du cinéma ou de la chanson, voulant tout faire par elles-mêmes, soit par avarice, soit par orgueil, qui « craquaient » à trente ans, obligées ensuite de s'arrêter complètement pendant des mois, quand elles ne devaient pas renoncer à leur profession !

Ce chapitre décevra peut-être certains lecteurs qui voudraient trouver dans ce livre des remèdes-miracles leur permettant de ne rien changer à leurs mauvaises habitudes. Qu'ils se disent bien qu'il n'en existe pas et qu'il est bien regrettable que la médecine officielle entretienne le public dans cette idée. Certes, elle fournit des remèdes brutaux, qui « coupent » une grippe, ou maîtrisent la fatigue lorsqu'on est surmené. Mais ce ne peut être qu'au prix d'autres maladies devenant de plus en plus graves et de plus en plus irrémédiables, jusqu'à ce qu'on arrive au cancer ou à l'infarctus.

C'est cette attitude qui rend la médecine de l'école parfaitement *immorale,* puisqu'elle permet aux hommes de persister dans leurs erreurs, voire dans leurs vices, sans en subir les conséquences, du moins dans l'immédiat.

Et puis, il faut comprendre que la plupart des médecins préfèrent continuer à « soigner » leur malade, plutôt que de lui donner les quelques conseils d'hygiène physique et morale qui suffiraient pour lui permettre de ne plus être malade...

*
**

Un bel exemple, à l'appui de ce qui précède, est le cas des personnes qui se bourrent d'aspirine au moindre rhume ou au plus léger mal de tête, et sont tout étonnées ensuite, de souffrir d'ulcères de l'estomac ou de l'intestin.

Il faut comprendre qu'un tel médicament — fort

dangereux malgré son aspect anodin — n'est qu'un palliatif n'attaquant nullement la cause du mal (en l'espèce, la constipation, le surmenage du foie ou le manque de sommeil, causes habituelles des maux de tête, ou la surcharge de matières mal assimilées, notamment les produits laitiers, fromages, etc... éliminés au niveau des muqueuses, cause première des rhumes à répétition [3]), mais attaquant la paroi de l'appareil digestif et, pour peu que le sujet soit de tempérament bilieux ou de caractère coléreux, provoquant peu à peu les ulcérations.

J'ajoute, pour être complet, que l'huile d'arachide de premier jet, *non raffinée*, agit comme un véritable médicament sur cette maladie et que sa consommation habituelle ne saurait trop être recommandée aux personnes souffrant d'ulcères [4] à condition de ne pas oublier la nécessité, pour elles, d'une discipline sévère tendant à calmer leurs nerfs, à éviter les explosions de colère et à acquérir cette maîtrise de soi sans laquelle la guérison de ce mal est impossible.

3. Voir *Le Médecin muet*, 2e partie, chap. VIII.

4. Cette propriété de l'huile d'arachide non raffinée est peu connue du public. La presse, qui vit des énormes budgets de publicité des grands trusts de matières grasses, évite d'en parler pour ne pas faire ressortir les inconvénients des huiles raffinées. Références : travaux de Burr, publiés en 1942, dans *Federation Proceeding* ; travaux d'Eliane Lebreton, en France (1949) (Jo. Amer. Oil Chemist. Soc. 1950). Voir également : *Proceeding Soc. Explanation Biological Medecine*, qui poursuit des recherches complémentaires et publie périodiquement leurs résultats.

CHAPITRE VIII

QUELQUES « PIÈGES » QUE VOUS POURREZ ÉVITER

En dehors des mauvais aliments, il existe des objets, ustensiles, appareils qui menacent notre santé, et parfois même, notre vie. Le public a tendance à penser que, dès l'instant où un objet est lancé dans le commerce, il a subi toutes sortes de tests pour voir s'il ne présente aucun inconvénient pour la santé.

Qui se soucierait de telles précautions, à l'heure actuelle ? Qui prendrait la peine de se pencher sur de tels problèmes à une époque où l'égoïsme est roi et où chacun ne songe qu'à « faire de l'argent » au plus vite ?

J'ai montré dans ce livre que, même dans le domaine des produits chimiques cancérigènes, les pouvoirs publics sont impuissants à protéger les consommateurs, et que ceux-ci en sont réduits à se débrouiller tout seuls. A plus forte raison lorsqu'il s'agit d'objets d'apparence anodine et pour la surveillance desquels aucun service n'est prévu, en France, aussi longtemps que des accidents graves ne se produisent pas.

A qui viendrait-il à l'esprit, en effet, que l'on peut

mourir empoisonné parce qu'on utilise des casseroles en aluminium ; qu'on peut souffrir d'avitaminose grave parce qu'on s'éclaire au néon, qu'on peut devenir impuissant parce qu'on porte constamment des lunettes fumées, ou qu'on peut contracter le mal des rayons parce qu'on regarde la télévision de trop près ?

Le plus grave est qu'en général, les malaises que l'on ressent du fait de ces objets sont attribués à d'autres causes. D'ailleurs, la médecine officielle, je l'ai montré, ne se soucie même pas de ces causes. Etes-vous fatigué, elle vous donnera un « remontant » ; manifestez-vous des signes d'avitaminose, elle vous prescrira des vitamines synthétiques...

Il y a aussi la résistance des fabricants et des revendeurs de ces appareils. Si vous parlez à votre quincaillier du danger de l'aluminium, il vous rira au nez. Aucun marchand de récepteurs de télévision n'admettra que ses appareils émettent des radiations nocives et, si vous lui demandez un écran protecteur aux sels de baryum ou de plomb, il vous dira qu'il n'en existe pas et que, d'ailleurs, ce serait inutile.

C'est dans l'espoir que ce chapitre empêchera des lecteurs de tomber dans ces « pièges » que je donne ci-après des renseignements précis émanant de spécialistes qualifiés.

A - Les ustensiles de cuisine en aluminium

Un médecin, qui souffrait depuis de nombreuses années de gastrite et d'ulcères de l'estomac, sans parvenir à se guérir ni même à se soulager (ses confrères ne lui donnaient plus que trois mois à vivre), se rendit un jour, en désespoir de cause, à une station thermale du Colorado, pour faire la cure aux sources de Manitou. Il fit donc l'achat d'une tasse en aluminium, pour boire l'eau qui était très sodée. Chaque fois qu'il remplissait sa tasse, il remarquait une forte effervescence. Un jour, il se trouva, à la source, près d'une dame qui se servait d'un verre ; il observa qu'il ne se produisait aucune bulle. Il comprit que le métal de sa tasse était attaqué par l'eau et en conclut que les ustensiles en aluminium qu'il employait à la cuisine, chez lui, pouvaient bien être à l'origine de sa mystérieuse maladie.

Rentré chez lui, il liquida tous ses récipients en aluminium. Six semaines plus tard, il pouvait reprendre ses consultations et, depuis ce jour, il jouit d'une excellente santé.

Telle est l'expérience personnelle que rapporte le docteur C.T. Betts d'Ohio (E.U.A.). Et il conseille aux personnes qui conserveraient un doute sur le danger de l'aluminium employé pour les ustensiles de cuisine, l'expérience suivante : nettoyez à fond une casserole en aluminium. Faites-y cuire de l'eau ordinaire pendant une demi-heure. Versez cette eau dans un saladier et laissez reposer également une demi-heure. Imprimez alors à l'eau un léger mouvement giratoire ; vous remarquerez à la surface une épaisse écume blanche et un dépôt qui se précipite au fond. Ce précipité est un composé d'alumine, probablement de l'hydroxyde d'aluminium, et c'est sous cette forme que l'organisme absorbe ce métal lorsqu'on l'utilise pour la cuisine ; il se trouve continuellement empoisonné.

Une autre expérience consiste à laisser des aliments légèrement acides (fruits cuits, lait, huile, etc...) dans un récipient en aluminium pendant 12 heures : ils y creusent une quantité de petits trous montrant que le métal se trouve attaqué par son contenu.

Il est très difficile de trouver, *en France,* des publications sur ce sujet. En effet, l'aluminium est une importante industrie nationale et le sujet est tabou. La presse évite d'en parler, pas plus qu'elle ne parle de la pollution de l'air par les vapeurs de *fluor* dégagées par les usines d'aluminium, qui ont pour effet de détruire toute végétation autour d'elles... sans parler des conséquences de ce produit sur les humains.

Je citerai cependant cette phrase extraite du livre du professeur R. Lautié, docteur ès sciences : *Les Grandes Pollutions : L'Air — L'Eau* [1] :

« Il faut surtout éviter les récipients en aluminium, parce que ce métal ne peut pas être livré pur et qu'il s'oxyde facilement en alumine fine, substance colloï-

1. L.V.Cl., éd.

dale légère, qui *laque* les cellules et les désorganise. Par ce fait, l'aluminium est un poison des tissus qu'il menace d'ulcération. »

Nous trouvons là l'explication des ulcères de l'estomac du docteur Betts.

Si l'on trouve peu de communications en France, sur les dangers de l'aluminium employé en contact avec les aliments, par contre, dans les pays où n'existe pas le même « black-out », de nombreuses observations ont été publiées, notamment aux Etats-Unis, en Angleterre et en Allemagne. Dans ce dernier pays, d'ailleurs, on ne trouve pratiquement plus, dans le commerce, d'ustensiles en aluminium car le public, averti du danger, n'en achèterait pas.

Voici l'opinion du docteur M. L. Parrott :

« Il est prouvé que tout ce qui est cuit ou laissé dans l'aluminium absorbe une certaine fraction de ce métal... D'importantes doses de composés de ce métal sont souvent fatales. De petites quantités peuvent être absorbées journellement avec peu ou pas d'effet, mais tôt ou tard, on se plaindra peut-être de manque d'appétit, de malaises douloureux, de nausées, de vomissements, d'indigestion, de mal de Bright ou de quelque autre trouble. Aucun laboratoire n'aurait l'idée d'utiliser des récipients en aluminium pour ses analyses chimiques.

« L'action de l'aluminium sur les capillaires du système artériel a pour effet de les encombrer et de rendre ainsi plus difficile le passage du sang. Dès qu'un composé d'aluminium a pénétré la paroi intestinale ou l'a traversée, il entre en contact avec les globules rouges et provoque leur agrégation, les fait adhérer les uns aux autres. Cette tendance des globules rouges à se réunir est une affaire sérieuse, puisque les globules ainsi agglomérés ne peuvent pas franchir les capillaires et tendent à les obstruer.

« L'aluminium, dit-on souvent, est employé depuis des années et l'on ne s'en porte pas plus mal. Bien des personnes, cependant, admettent qu'elles souffrent de pyorrhée, de maux de gorge, d'indigestions, de gaz intestinaux, ou d'autres troubles du tube digestif inférieur, d'hémorroïdes, de maladies de foie, de névrites, de rhumatismes, d'affections cutanées, pour ne rien dire des cas de cancer, de furoncles, d'ulcères, etc... De nombreux sujets ont déclaré jouir d'une meilleure santé depuis qu'ils ont abandonné l'emploi d'ustensiles en aluminium. »

Voici l'opinion de quelques autres médecins jouissant d'une grande réputation au point de vue professionnel dans leur pays :

Le docteur M. Lahunte Cooper, de Londres, déclare que dans certains cas d'empoisonnements, là où les traitements orthodoxes avaient tous échoué, la plupart des patients se sont vite rétablis dès que les ustensiles en aluminium ont été mis de côté. A propos des maux de tête, de bouche, de gorge, rhumatismes, névrites, indigestions, troubles intestinaux, ulcères, affections cutanées, tous les malades ont été grandement soulagés par l'élimination de l'aluminium de la cuisine.

Le docteur Chas L. Olda, spécialiste américain du

cancer, a constaté que les aliments cuits dans des ustensiles en aluminium augmentent beaucoup les réactions cancéreuses. On peut même en dire autant de l'eau cuite dans un récipient en aluminium.

Selon ce praticien, l'aluminium s'est révélé une des plus grandes sources d'empoisonnement chronique producteur de cancer.

Le docteur Arthur M. Cushny, d'Edimbourg, a observé que l'aluminium avait une action générale très frappante quand il peut parvenir jusqu'au sang. Il provoque une très lente intoxication. Ses symptômes sont ceux d'une paralysie descendante du système nerveux central.

Chez les mammifères, les premiers symptômes apparaissent après une période de quatre ou cinq jours. Ils consistent en constipation rapide, perte de poids, faiblesse, torpeur, vomissements. Plus tard, on observe des anomalies caractérisées dans les mouvements de la sensibilité. L'aluminium agit donc sur l'intestin et le rein par un empoisonnement général, tandis que bien des symptômes semblent révéler une action directe sur le cerveau.

***

Depuis un certain temps, une importante publicité est faite pour pousser les ménagères à employer les *feuilles d'aluminium* pour envelopper les aliments, les conserver à l'abri des insectes ou des poussières. On conseille même de faire cuire des viandes, des poissons, du poulet, enveloppés dans ces feuilles d'aluminium, sous prétexte d'uniformiser la température, d'éviter des projections grasses, etc... Outre que, même au point de vue gastronomique, ce procédé n'est pas soutenable, puisque, si l'on fait rôtir de la viande, c'est pour faire dorer (par caramélisation des glucides) la partie extérieure ou la peau de l'animal, il faut savoir que, plus la température est élevée, plus les réactions corrosives s'intensifient et que ce système souille le rôti de dérivés d'alumine.

N'attendez donc pas les symptômes décrits ci-dessus pour bannir de votre maison la batterie de cuisine et les ustensiles en aluminium, ainsi que le rouleau de feuilles d'aluminium.

B - L'œil, cet inconnu...

Encore un organe sur lequel la plupart des gens ont des idées fausses, ou pas d'idées du tout.

Lorsqu'on a un défaut visuel, myopie, presbytie, hypermétropie, astigmatisme, etc... on va voir un oculiste qui vous prescrit le port de lunettes adaptées à ce défaut. C'est toujours le principe de la médecine officielle en face d'une maladie : corriger le défaut par un *artifice,* sans remédier à la cause (dans le cas de l'œil : affaiblissement de l'activité de certains muscles de l'œil, par suite d'un mauvais état général, de carences, d'intoxications ou de mauvaise circulation). En procédant ainsi, on ne peut qu'aggraver le mal. Aidé par ce moyen artificiel, l'œil devient encore plus paresseux, s'affaiblit davantage, nécessitant des verres de plus en plus puissants.

C'est exactement le contraire qu'il faut faire : le défaut de l'œil vient, soit de la mauvaise qualité de la rétine (pour les raisons indiquées ci-dessus), soit d'une mauvaise accommodation par la faute des muscles (échappant à notre volonté) qui se trouvent à l'intérieur du globe oculaire. Dans les deux cas, il est possible d'agir par des exercices appropriés sur ces activités involontaires. Cette gymnastique oculaire n'est donc pas directe ; elle agit *indirectement* en provoquant des réflexes. Elle n'en est pas moins très efficace.

C'est ainsi que, exposer les yeux à la lumière, ou regarder un objet de tout près, ont pour effet de contracter la pupille des yeux.

En s'appuyant sur des lois physiologiques, on peut donc créer toute une série de mouvements ou de procédés constituant une véritable *gymnastique des yeux*, destinée à fortifier les activités naturelles de cet organe, sans aucun danger pour lui, avec pour résultat, *toujours*, une amélioration de la vue et de la santé des yeux, et *souvent*, de l'état général du malade, améliorations parfois spectaculaires, suivant l'âge et la vitalité du sujet.

C'est en partant des travaux d'un chercheur américain, le docteur Bates, qui vivait au début de ce siècle, que Mme Sébastien a réussi à créer une véritable méthode de gymnastique des yeux, qu'elle a expliquée et développée dans son livre : *Sauvez vos yeux*[2], auquel j'ai emprunté les notions qui précèdent. Et c'est grâce à la pratique (hélas trop irrégulière) de certains de ces exercices, que j'ai moi-même réussi à conserver, à soixante-seize ans, une vue assez bonne pour lire et écrire sans lunettes.

Mais mon propos, dans ce chapitre, n'est pas d'exposer la méthode Sébastien, que je signale seulement, en passant, étant donné les immenses services qu'elle peut rendre à des lecteurs. Je désire attirer l'attention sur un deuxième « piège » qui, à mon avis, est très important : il s'agit des *verres colorés.*

Le docteur Bates a écrit : « La lumière solaire est aussi nécessaire à l'œil normal que le repos et la détente. » Cela signifie que l'œil a autant besoin de grande lumière (pendant le jour) que d'obscurité (pendant la nuit). Dans chacun de ces deux cas, une adaptation a lieu : le jour, une transformation chimique du *pourpre rétinien* en substances sensibles à la grande lumière et aux couleurs[3] ; la nuit, une régénération du pourpre rétinien.

Mais cette alternative de lumière et d'obscurité n'intéresse pas seulement l'organe de la vue ; elle concerne

2. L.V.Cl., éd.

3. Le pourpre rétinien est la partie sensible du fond de l'œil. Sa régénération se fait à partir de vitamines A apportées par la circulation sanguine, d'où un des nombreux dangers de l'avitaminose A.

l'ensemble de l'organisme dans ses fonctions les plus secrètes. On sait, en effet, que lorsque la sensation lumineuse part des yeux, elle arrive au cerveau dans l'aire visuelle. Sur son trajet, elle stimule de nombreux centres cérébraux, ainsi que la petite glande *hypophyse,* qui se trouve juste en dessous du croisement des deux nerfs optiques ou chiasma. Et l'hypophyse est considérée comme le « chef d'orchestre » du système glandulaire.

Ces connaissances, encore peu répandues et de découverte récente, sont dues aux travaux d'un chercheur français, le professeur Jacques Benoît et voici le résumé d'une expérience très importante que fit cet auteur, tel que la rapporte Mme Sébastien dans son livre :

« Grâce aux travaux du professeur J. Benoît, le rôle de la lumière sur les glandes est un fait confirmé et en partie exploré. Comme il est impossible de faire certaines expériences sur l'homme, le professeur Benoît a étudié l'action stimulante de la lumière sur l'hypophyse et la sphère génitale chez le canard et la cane domestiques. " C'est que très peu apparents chez les êtres vivants déterminés, écrit-il, certains phénomènes biologiques présentent au contraire chez d'autres êtres, un relief caricatural... "

« En effet, le poids des glandes génitales chez le canard peut, sous l'influence de la lumière, augmenter de 80 fois en trois semaines. Le professeur Benoît a éclairé tout le corps du canard sauf la tête, sur laquelle il a mis un capuchon. L'action de la lumière était nulle. Il a éclairé aussi les yeux de canards dont les nerfs optiques avaient été sectionnés. L'action était faible. Enfin, il vérifia l'action de la lumière éclairant les yeux de canards dont le nerf optique était intact. Il aboutit alors à la conclusion que : " l'éclairement de l'œil lui-même entraîne... par l'intermédiaire du nerf optique, une stimulation de l'hypophyse et un développement consécutif des testicules. "

« Or, tout le monde sait aujourd'hui l'importance pour tous les êtres, du bon fonctionnement des glandes génitales, qui agissent sur la santé, le comportement et l'intelligence.

« Sans recourir à la lumière, le professeur Benoît a exploré, par l'ablation, l'action de l'hypophyse sur la thyroïde, sur les parathyroïdes et sur le métabolisme du calcium. En l'absence de l'hypophyse, il se produit une dégénérescence thyroïdienne (l'aplasie).

« " D'autre part, écrit le professeur Benoît, la préhypophyse exerce un conditionnement de l'activité parathyroïdienne, mais probablement par voie indirecte, par l'intermédiaire du métabolisme calcique. " De sorte que : " en l'absence de préhypophyse, l'ostéogénèse folliculinique se ralentit considérablement : les ravées néoformées se calcifient tardivement, mais elles se calcifient, ce qui prouve que, malgré l'hypophysectomie, les parathyroïdes continuent à être actives. Les thyroïdes, au contraire, sont mises au repos... ".

« Il devient ainsi clair que tout affaiblissement de l'activité de l'hypophyse aura comme suite, entre autres troubles, l'affaiblissement de la thyroïde par la mise au repos et le ralentissement du métabolisme calcique. Il faut ajouter que, si l'ablation de la glande thyroïde engraisse le foie, augmente le contenu des acides gras, des phosphores lipidiques et du cholestérol, tout affaiblissement d'activité de la thyroïde doit avoir les mêmes suites, mais moins prononcées. La mise en jeu du mécanisme d'adaptation à la lumière et à l'obscurité stimule l'hypophyse en entier et, par son truchement, la thyroïde et les parathyroïdes.

« Il est à croire que la lumière active la sécrétion de certaines hormones et que l'obscurité, après l'éclairement, mène au stockage, puisque :

« " Des expériences d'implantation de préhypophyse de canards à des souris femelles immatures, semblent indiquer que l'obscurité favorisait le stockage des gonadotrophines préhypophysaires, et que l'éclairement stimulerait la sécrétion et, plus encore, l'excrétion de ces produits dans le sang. "

« Alterner la lumière et l'ombre veut donc dire : équilibrer la sécrétion et le stockage, renforcer l'activité de l'hypophyse et, par son truchement, l'activité de toutes les glandes. Le travail du grand physiologiste français suggère combien il est malsain de s'exposer longuement au soleil, et aussi combien est malsain de priver les yeux de soleil. Les lunettes noires sont des *éteignoirs glandulaires*, des affaiblisseurs...

« Il est incompréhensible qu'après les travaux du professeur J. Benoît, l'hygiène glandulaire par la lumière ne soit pas introduite partout où l'on constate un affaiblissement ou un déséquilibre glandulaire. »

On voit par ce qui précède combien il est important d'éviter de porter des verres colorés. Ceux-ci doivent être réservés à des cas exceptionnels (forte réverbération du soleil sur la mer, sur la neige, éblouissement par les phares dans la conduite de nuit, etc...). Lorsque les yeux supportent difficilement la grande lumière du jour, on ne fait qu'aggraver leur faiblesse en portant des verres colorés. C'est à des exercices appropriés qu'il faut recourir.

On doit se souvenir, tout d'abord, que l'œil est fait pour la lumière et que, par conséquent, celle-ci ne peut pas le blesser ni le fatiguer si elle est normale et si l'œil est sain ; ensuite, que nous ne sommes pas faits pour porter des lunettes (sans cela, les enfants viendraient au monde avec ces appareils) ; enfin que la lumière est un des principaux *aliments* de l'organisme humain, dans lequel elle pénètre principalement par les yeux, et que s'en priver systématiquement conduit à un affaiblissement, non seulement de la vue, mais de tout l'organisme, avec perturbation grave des principales fonctions glandulaires.

C - Danger de l'éclairage au néon

C'est le type parfait de commercialisation d'un procédé avant toute étude de ce qui pourra résulter de son emploi chez les usagers.

On a lancé ce nouveau mode d'éclairage en mettant en avant qu'il était plus économique que les ampoules à filament, puisque, à dépense égale de courant, il donnait plus de lumière. Malheureusement, après quelques années, on s'est aperçu que dans les bureaux et ateliers où il avait été installé, les personnes obligées de séjourner de nombreuses heures souffraient d'un affaiblissement chronique de la vue. Force fut alors de revenir à l'ancien système, ou, si l'on voulait garder le nouveau, de le renforcer au moyen d'anciennes ampoules à filament, ce qui annulait toute économie.

Si le lecteur a lu ce qui précède (l'Œil, cet inconnu), il sait ce qu'est le pourpre rétinien et comment il se régénère à partir de vitamine A. Il ne sera donc pas surpris d'apprendre que, l'éclairage au néon ayant la propriété de *détruire le pourpre rétinien*, l'organisme des personnes séjournant sous un éclairage de ce genre est obligé de reconstituer constamment cette substance, ce qui entraîne une consommation anormale de cette vitamine. Il en résulte une grande fatigue, des maux de tête et des troubles plus ou moins graves, dus à l'avitaminose A.

Même si elles prennent la précaution d'avoir une nourriture riche en vitamine A ou en carotène (voir Annexe IV), leur organisme en fait une telle consommation qu'elles souffrent de carences.

On a pallié ce danger, dans une certaine mesure, après une dizaine d'années d'emploi des tubes au néon, en absorbant une partie de leurs radiations au moyen de plaques de verre spécial, ce qui diminue encore leur luminosité sans assurer une protection totale.

Il est donc préférable d'éviter l'utilisation de ce système d'éclairage qui ne présente que des inconvénients... tout au moins pour l'utilisateur. Il y a assez de choses nocives que nous sommes *obligés* de subir, dans notre environnement, pour que nous évitions au moins celles qu'il ne tient qu'à nous de rejeter.

D - Danger des radiations émanant des récepteurs de télévision

Je donne, à l'annexe VII, des conseils pour se protéger contre les radiations dures en général, au moyen de certains aliments protecteurs, et je reproduis les observations d'un malade, technicien dans un centre de recherche nucléaire, depuis l'époque héroïque des premières piles expérimentales, où les techniciens étaient exposés à des bombardements radio-actifs plus ou moins intenses, et qui a réussi à rétablir sa santé grâce à l'alimentation saine strictement pratiquée.

Mais, en ce qui concerne le cas particulier des récepteurs de télévision, il y a d'autres précautions à prendre dans leur emploi. Voici les conseils donnés par M. le professeur Lautié, docteur ès-sciences, dans un article paru dans *La Vie claire* [4].

4. Janvier 1964.

Le lecteur intéressé par ce problème pourra également se reporter à l'article : « Les Dangers de la télévision », par les docteurs N. Glas et W. Buehler paru dans la même publication [5].

RADIOACTIVITÉ ET TÉLÉVISION

par le professeur Raymond Lautié, docteur ès-sciences.

En 1956, quand j'ai écrit ma brochure : *Le Danger atomique* [6], je ne disposais pas de données suffisantes sur la radioactivité émise par les appareils de télévision et je n'ai fourni que des indications limitées. Depuis, les expérimentateurs, malgré certaines pressions, ont fait des mesures nombreuses et précises qui me permettent de compléter aujourd'hui divers points que j'avais, ou passés sous silence, ou indiqués qualitativement.

Revenant au tableau que j'avais dressé, je constate qu'il garde toute sa valeur. Il me semble utile de le rappeler ici, avec le commentaire succinct qui le précédait :

« En moyenne, les radiations naturelles originaires du sol et du ciel nous font absorber par an environ 1/10e de roentgen (0,1 R) ; assez rarement 0,2 R et exceptionnellement 0,3 R. Notons qu'il s'agit là de l'intensité d'un rayonnement *à peu près continu, sans poussées trop brusques et que ses effets s'additionnent*

5. Mars et avril 1967.
6. L.V.Cl., édit.

tout au long de la vie, comme ceux de certains toxiques cancérogènes qui " teignent " les cellules.

« J'admets qu'un homme *sain*, au-dessus de trente ans, peut absorber, au plus, *une dose de radioactivité régulière de 5 roentgen par an.* C'est là un maximum qu'il est sage de ne pas trop approcher, car il correspond à environ cinquante fois la valeur moyenne du rayonnement de la biosphère.

« Au-dessous de trente ans, surtout de vingt ans, l'individu est en pleine croissance, en grande activité cellulaire et, par conséquent, beaucoup plus sensible à l'action génétique des rayons X ou γ. Aussi, je conseille fort d'abaisser le maximum tolérable conformément au tableau suivant :

AGE EN ANNÉES	DOSE ANNUELLE MAXIMUM EN ROENTGEN
Au dessus de 30 ans	5 R
de 25 à 30 ans	4 R
de 20 à 25 ans	3 R
de 15 à 20 ans	2 R
de 10 à 15 ans	1,2 R
de 5 à 10 ans	0,6 R
de 0 à 5 ans	0,3 R

« Mon tableau s'appuie sur les expériences actuelles qui manquent encore de recul. Il risque d'indiquer des valeurs *trop élevées* parce que je ne peux pas observer des atomistes qui, de père en fils, seraient soumis à de pareilles doses. Puisque le progrès tel que trop de gens le conçoivent, exige des laboratoires et des usines atomiques et qu'on ne semble rien pouvoir contre, je souhaite que les seuils de protection finalement adoptés pour les spécialistes soient au plus égaux à la moitié des nombres précédents.

« Pour une population non entraînée, non avertie, non obligée à des services nucléaires, qui comprend des enfants, des vieillards, des malades, des individus à la formule sanguine anormale, des nombres cessent de s'appliquer. Par quels autres les remplacer ? A mon avis, la radioactivité annuelle ne doit pas dépasser 0,3 R par an... »

On voit avec quelle prudence j'avais proposé les coefficients de sécurité. Les mesures nouvelles ne les ont pas démentis. Quant à moi, je reste persuadé qu'ils constituent des maxima qu'il est prudent de ne pas approcher, même si l'on est en pleine santé et sans fragilité sanguine. Il est effrayant de penser que des généticiens, de grands spécialistes, admettaient encore en 1928 un seuil général de 80 R ! On voit les dangers qu'ils ont fait courir aux malades.

Pour en revenir à la télévision, les appareils de mesure, par exemple les compteurs Geiger, prouvent qu'elle émet une radioactivité notable dont on parle trop peu. Cela constitue un de ses nombreux dangers, peut-être encore le plus sérieux, qu'il faut avoir le courage de signaler. D'après les recherches apportées par Mathias Buhl, un appareil de T.V. en marche continue débiterait annuellement 2,60 R. Ce chiffre apparaît d'autant plus élevé qu'il s'ajouterait à la radioactivité naturelle et à celle des radioscopies, des radio isotopes de diagnostic ou de traitement, des conserves irradiées ou des retombées nucléaires.

On me répondra que l'on n'est pas devant son poste de télévision 24 heures par jour et c'est exact. Il n'en reste pas moins qu'on dispose chez soi d'une source de radioactivité vraiment intense. Si l'on admet une seule heure quotidienne d'utilisation, c'est tout de même 0,13 R que l'on ajoute sans s'en rendre compte à la dose reçue par ailleurs dans le courant de la journée. Alors, cela suffit à faire franchir le seuil maximum de sécurité aux jeunes enfants, aux malades, aux anémiés, aux personnes dont le sang est anormal, aux cancéreux, aux séniles, aux femmes enceintes, aux ouvriers exposés aux radiations par leur travail, etc... J'ajoute que je connais bien des familles qui passent plus d'une heure par jour devant leur appareil de télévision. Pour essayer de les convaincre du danger qu'elles risquent de courir, je leur signale les observations des docteurs Schoen et F. Niggli : on a placé pendant deux mois une chienne gravide devant un appareil de T.V. en marche. Elle a mis bas six chiots dont quatre étaient paralysés de l'arrière-train et deux aveugles. Et ces auteurs d'écrire : «... Les malformations de l'œil chez l'embryon sont, dans un grand nombre de cas, la conséquence de radiations nocives. »

Je ne déconseille pas absolument la télévision, mais qu'on n'en abuse pas, *surtout pour les enfants et les fragilisés.* La femme enceinte autant que le bébé est sensible aux radiations, parce que son fœtus est en période de nombreuses et rapides mutations. Or, celles-ci sont facilement perturbées par les radioactivités, ce qui risque de provoquer des monstruosités. Pour chaque sexe, les organes de reproduction sont très peu résistants aux radiations et se stérilisent vite ou subissent des effets qui bouleversent l'hérédité. Soyons donc d'une extrême prudence sur ce sujet et, par mesure de sécurité, adoptons la règle suivante, malgré sa sévérité : « Il n'existe pas de dose de radioactivité inoffensive. »

Ceux qui aiment la télévision n'oublieront pas que les enfants, surtout les bébés, les femmes enceintes et les malades du sang sont les plus sensibles aux radioactivités. D'une manière générale, *ils les éloigneront le plus possible du champ de radiation* et, par exemple, les éloigneront de l'écran *de plus de 3 mètres*, en limitant la durée de séance à *moins d'une demi-heure par jour*. D'ailleurs, je ne suis pas sûr que cette précaution suffise dans tous les cas, parce que les données expérimentales ne sont pas encore complètes, assez nombreuses et que les expérimentateurs ne disposent pas d'un recul suffisant. Les radiologues américains Schubert et Lapp ont déclaré avec un grand courage que nous sommes à présent dans l'ère de « l'agression invisible ». J'ajoute que l'agresseur est souvent dans notre demeure et introduit par nous.

Certains signalent que la télévision engendre d'autres dangers et, en particulier, émet des sons aigus (15.600 hertz) presque à la limite des ultra-sons inférieurs qui ébranlent fortement les nerfs, même si des adultes ne les entendent pas. Enfin qu'elle fatigue la vue. Tout cela est exact et s'additionne trop souvent au mal des radiations pour l'aggraver indirectement. Mais le but de cet article est surtout de mettre en garde le téléspectateur contre l'agression invisible. Je lui recommande donc de réfléchir sur deux points très importants :

1. Sans précaution de sa part, il risque de recevoir une radioactivité moyenne de 0,13 R au bout d'un an, à raison d'une séance quotidienne d'une heure ;

2. Un enfant au dessous de 5 ans et peut-être une femme enceinte ne supportent pas sans risque 0,3 R, alors que le rayonnement tellurique peut approcher déjà ce maximum.

De jour en jour la télévision envahit les foyers, même les plus modestes, malgré la valeur très relative de la majorité des programmes. C'est surtout une question de mode, dans trop de cas ; je déplore cet engouement actuel qui nuit à la santé tant physique que morale des populations. Certes, comme physicien, je trouve admirable cette réalisation qui transmet le mouvement au loin par les ondes, en même temps que la parole. Voilà un progrès dont il convient de féliciter les hommes de laboratoire. Par contre, du point de vue pratique, malgré l'émerveillement qu'ils provoquent, ces montages astucieux ne sont en réalité que des balbutiements rappelant un peu les temps héroïques de la télégraphie sans fil. Il reste beaucoup à faire avant que les images apparaissent vraiment nettes et stables.

Présentement, elles « sautent » et sont pénibles à regarder longtemps. D'où une fatigue anormale des yeux au bout de quelques minutes et la nécessité d'une délicate accommodation sans arrêt. Un tel effort continu de mise au point oculaire correspond à une intense dépense nerveuse, à un véritable gaspillage de cette substance précieuse et très coûteuse pour l'organisme qu'est le *pourpre rétinien.* L'enfant surtout, peine inconsciemment dans l'observation difficile de tant de lignes indécises que son cerveau rectifie sans cesse. Même sans tenir compte d'autres facteurs, il y abîme ses yeux et y malmène tout son système nerveux, d'ailleurs sans profit, puisque les programmes ne sont ni à sa portée, ni d'un intérêt réel. Ce dernier point pourrait être vite amélioré avec les budgets dont on dispose, si les responsables daignaient prendre leur rôle au sérieux et s'occuper de l'éducation de la nation, sans tenir compte des questions électorales ou autres.

Les troubles de la vue chez ceux qui abusent de la télévision, surtout chez les enfants, toujours plus sensibles physiquement, et plus émotifs, ne tiennent pas qu'à des défauts d'images, tremblées et que le cerveau essaie de rectifier au plus vite. Il y a en supplément, et plus dangereusement même, une émission ininterrompue d'un rayonnement *dur* qui pénètre l'observateur en profondeur, analogue à celui du radium. Sa présence explique pourquoi les rats, dont les sens sont aigus, s'écartent toujours d'un appareil de télévision, *à plus de vingt mètres.* Instinctivement, ils se protègent de radiations nocives que, pour notre malheur, nous ne savons pas déceler. Les négatons à grande vitesse du tube cathodique, en heurtant de plein fouet l'écran fluorescent où se créent les images, engendrent des rayons X dont l'action s'étend assez loin autour de l'appareil. Depuis des décennies, on sait qu'ils tuent des cellules, celles affaiblies ou en pleine mitose, sans qu'on sache les maîtriser avec sûreté. Quand ils n'agissent pas aussi brutalement, ils les perturbent par ionisation excessive, par coagulation ou craquage des protides, par réduction ou par oxydation suivant les compositions locales. En fin de compte, ils modifient dangereusement les pH et les rH tissulaires et même fabriquent des toxiques. On doit craindre des anarchies cellulaires ou des « monstruosations » observables presque sur-le-champ ou à la longue. Il faut les rendre responsables d'anomalies héréditaires par détérioration des chromosomes. Ils engendrent des cancers ou les favorisent en affaiblissant et en intoxiquant le terrain organique. C'est pourquoi on trouve *six fois plus de leucémies* chez les enfants soumis à des séances de rayons X que chez ceux qui en sont privés.

En résumé, l'appareil de télévision est un générateur de rayonnements très pénétrants dont il importe de se protéger avec soin si l'on a vraiment besoin de s'en servir, car il faut se rappeler comme preuve de son action, que des rats encagés près de lui deviennent cancéreux en moins de deux mois. Se mettre assez loin : *trois mètres au moins*, n'est qu'une précaution trop sommaire, de même que d'écourter les séances : *moins de vingt minutes.* Mieux vaudrait placer devant l'écran, un verre plan à cathions lourds et à bore (baryum, plomb, etc...) qui absorbe une partie importante du rayonnement, mais non point les émanations de radioactivités secondaires ou celles véhiculées par les courants d'air [7].

Comme je l'indique plus haut d'après les travaux de Mathias Buhl, un appareil de télévision moyen, en marche continue, dégage par an 2,60 R. En pratique, cela fait déjà 0,11 R par an pour une séance normale d'une heure par jour. Malgré les apparences, ce nombre est fort parce qu'il s'ajoute malencontreusement à d'autres. En effet, dans les bonnes régions de la biosphère, le rayonnement ionisant naturel est d'au moins 0,10 R par an, décomposé en : rayonnement cosmique : 0,030 R ; rayonnement terrestre : 0,050 R et rayonnement atmosphérique : 0,200 R. Il est assez rare qu'il atteigne 0,020 R, même pendant les mauvaises années de forte activité solaire ou de grands bombardements cosmiques. Très peu de régions admettent ce maximum dangereux pour beaucoup de gens fatigués, surmenés et les bébés. Tout ceux-là doivent les éviter. *A fortiori* celles à 0,300 R sont franchement à fuir. (Dans ces considérations, il s'agit d'émanations ionisantes réparties à peu près régulièrement sur toute une année.)

D'autre part, notre corps fixe et accumule parfois définitivement des éléments radioactifs naturels (potassium 40 = 0,020 R ; carbone 14 = 0,001 R ; radon et thorion = 0,002 R ; radium = 0,01 R. Total :

7. Depuis la publication de cet article, un écran de ce genre a été réalisé. Il est en démonstration dans toutes les maison de *La Vie Claire*.

0,024 R/an. Au passage, notons l'influence très marquée du potassium qui peut bouleverser l'équilibre ionisé des cellules quand l'alimentation l'apporte en excès. Même remarque pour les végétaux forcés à l'engrais potassique.

En conclusion, dans les conditions les plus saines, la radioactivité intérieure et extérieure nous imprègne de 0,124 R/an, avec effets cumulatifs indestructibles au cours de la vie, ce qu'on oublie trop. Je pense même quà ce degré-là, elle est utile comme catalyseur biologique et qu'on lui doit des synthèses nécessaires...

De 0 à 5 ans, le taux annuel ne doit pas dépasser 0,147 R, de même que pour les gens âgés de plus de soixante-cinq ans. Seules, les personnes de quarante à cinquante ans peuvent à la rigueur, dans certains cas, supporter 0,280 R. Au-dessus, le cancer menace les individus quels qu'ils soient, et l'on doit prendre de très strictes précautions.

On trouvera ailleurs des nombres plus forts, par exemple 5,0 R au-dessus de trente ans. Ils constituent tous des maxima seulement possibles pour des gens solides, convenablement nourris, à l'hygiène sévère, soumis à une constante surveillance médicale. Ils ne sont pas à conseiller dans le cas général et je les trouve tous exceptionnels et trop forts.

Aux 0,124 R s'ajoutent aujourd'hui, dans nos régions encore peu affectées, les déchets des industries radiochimiques, des explosions atomiques, les radiotraceurs industriels ou médicaux, les substances à phosphorescence excitée (montres lumineuses par exemple), etc...

d'un total d'environ 0,023 R. On arrive à 0,047 R/an qui sert de base à mes calculs pour le présent.

S'ajoutent alors les trop fameuses radiographies et les criminelles radioscopies, dont certaines rendues obligatoires et périodiques (médecine scolaire, médecine du travail, etc...) et que quelques médecins et dentistes utilisent sans nécessité absolue. Au total, elles interviennent pour 0,100 R, c'est-à-dire autant que la radioactivité de la biosphère ! Dans ces conditions, la majorité des civilisés *au-dessus de six ans* accumulent 0,247 R/an, valeur très élevée, qui n'est supportable à la rigueur que par un nombre très limité de gens entre vingt et soixante ans, donc *forcément nocive pour les enfants et les adolescents.* Malgré cette constatation si grave, on continue de radiographier chaque année tous les individus, quels que soient leur âge et leur résistance physique !...

Voilà donc dans quelles conditions vivent nos enfants, dont le corps, en pleine évolution, est si sensible aux radiations.

C'est donc à un nombre dangereux que va s'ajouter à présent celui des rayonnements de télévision. Avec la moyenne adoptée — qui n'est pas du tout exagérée — de 0,110 R, on arrive, dans les circonstances les moins mauvaises, à 0,357 R/an ! Manifestement, ce taux n'est supportable, à la rigueur, que pour des gens très sains, ayant dépassé la trentaine. En tout cas, il ne s'applique pas aux jeunes. Ces résultats (...) expliquent les tristes observations faites aux E.U.A. sur les enfants toujours face à face avec la télévision : faiblesse des membres inférieurs, formes multiples de décalcification, prédisposition aux leucémies, affaiblissement de la vue et autres troubles oculaires...

De tous côtés, prenons bien garde à la télévision ! Nos enfants n'ont pas besoin d'elle impérieusement, comme on souhaite de nous le faire admettre. Il existe de bons livres solidement écrits et présentés avec art, qui les obligent à penser en profondeur, à réfléchir dans le calme, donc qui les instruisent avec une efficacité incontestablement supérieure et surtout sans nocivité. Si malgré cet avertissement, on persiste à les amuser (?) par la télévision, au moins qu'on observe des règles de protection, en sachant bien qu'elles ne sont pas d'une sécurité complète.

1. Séances courtes (maximum 20 minutes) espacées (1 ou 2 par semaine).
2. Distance de l'observateur à l'appareil : plus de 3 mètres.
3. Ecran transparent protecteur (aux borates de plomb et de baryum).
4. Séances à des heures peu tardives (avant 21 heures).
5. Programme qui instruit, qui éveille le goût sans exciter les nerfs, ni torturer l'imagination.
6. Gymnastique oculaire après la séance.
7. Nourriture riche en carottes fraîches, en huiles vierges insaturées (tournesol, courge, noisettes,

etc...) en figues sèches, abricots secs, amandes douces, blé sous toutes ses formes, olives noires...

8. Prendre 50 g de prêle fraîche, hacher, presser le jus fortement, ajouter 100 cm^3 de jus d'épinards, compléter à 1 litre avec de l'eau très peu minéralisée. Donner 200 cm^3 du mélange chaque matin au réveil, à froid.

DEUXIÈME PARTIE

Alimentation protectrice

Prologue

La dénomination *alimentation saine* s'applique à une méthode excluant tout aliment présentant une nocivité quelconque pour l'organisme humain, soit par sa nature, sa composition propre, soit par suite de traitements et additions que l'industrie lui a fait subir.

Elle se compose essentiellement d'aliments végétaux cultivés biologiquement : céréales complètes, fruits frais, fruits secs et légumes, pour la plupart consommés crus.

En aidant l'organisme à se désintoxiquer et en lui fournissant exactement de quoi combler ses carences et couvrir ses besoins, ce genre d'alimentation constitue un moyen puissant de rétablir la santé et de permettre aux organes surmenés de se rénover.

Si l'application intégrale et constante de cette méthode est malheureusement impossible pour la plupart des lecteurs de ce livre, il n'en est pas moins vrai qu'ils peuvent la pratiquer certains jours : lorsqu'ils prennent leur repas à la maison, pendant les vacances, etc...

J'en donne donc, pour ces cas-là, un résumé théorique et pratique (chapitre premier). Dans les chapitres suivants, j'ai ajouté des conseils permettant de limiter les dégâts au cours des repas d'affaires et de compenser l'effet des aliments cancérogènes ou dangereux pour le cœur et la circulation, grâce aux facteurs de protection naturels que contiennent certains aliments. Enfin j'indique quelques moyens, quelques « trucs », permettant d'amoindrir les effets nocifs, sur les principaux organes, du surmenage que leur imposent les obligations de la vie professionnelle.

***

Le lecteur sera peut-être étonné de constater les divergences profondes qu'il y a entre ce que j'ai appelé *l'alimentation saine* et la *diététique officielle.*

Ces divergences s'expliquent par le fait qu'une méthode comme l'alimentation saine porte un tort considérable à la plupart des industries alimentaires, ainsi qu'à quelques autres.

Si l'on veut véritablement *protéger le consommateur* comme je n'ai cessé de le faire depuis 1946, par mes écrits et mes conférences, il faut dire la vérité, *toute la vérité.* On nuit donc, ce faisant, à d'innombrables et considérables intérêts.

Mais il faut choisir : on ne peut concilier les inconciliables.

J'ai choisi la protection du public, coûte que coûte (et cela m'a déjà coûté très cher !).

La diététique officielle, au contraire, est *obligée* de ménager la chèvre et le chou : elle doit faire semblant de se préoccuper de la santé des consommateurs, tout en ménageant les intérêts des grands consortiums..., surtout ceux dans lesquels des hommes au pouvoir ont des intérêts. Car elle dépend d'un ministère...

J'ai fort bien compris la chose le jour où j'ai entendu feu Mme Lucie Randoin, alors directrice de la Société scientifique d'hygiène alimentaire, indiquer au cours d'une conférence que « le vin est une boisson fort saine lorsqu'on n'en abuse pas » et que la dose limite par jour était de 1 litre pour les hommes et 3/4 de litre pour les femmes [1].

Or, de deux choses l'une : ou l'alcool est un poison (nous sommes bien placés en France pour le savoir) et il faut s'en abstenir ; ou s'il n'est pas nocif, pourquoi soulever la question ?

Mais tolérer une petite dose de poison ne mène à rien *qu'à inciter les gens à dépasser cette dose sous des prétextes divers, tout en trompant le public sur les*

1. Conception d'ailleurs assez surprenante, étant donné qu'en matière de poisons, on se base habituellement sur le poids et non sur le sexe. Pourquoi pénaliser les femmes ? Il y a des hommes qui pèsent 50 kg et des femmes dont le poids dépasse 100 kg. Ces dernières devraient avoir droit à 2 litres par jour ! Ceci montre le peu de sérieux des enseignements de la diététique officielle, dont le but est simplement de veiller à la défense des intérêts des viticulteurs, des boulangers, des éleveurs, etc... menacés par ceux qui, comme moi, propagent la vérité sur leurs produits.

conséquences de cette petite consommation, en lui promettant une fausse sécurité.

On ne peut d'ailleurs pas en vouloir à ces messieurs-dames de la diététique officielle, car, si dans leurs conférences ou dans leurs articles, ils s'exprimaient comme je le fais, il arriverait au ministère dont ils dépendent, un tel nombre de lettres de réclamations, que le ministre serait obligé de les mettre à la porte incontinent !

Voilà pourquoi mon enseignement est totalement différent de celui de la diététique officielle. Au lecteur de choisir.

CHAPITRE PREMIER

A B C DE L'ALIMENTATION SAINE

Il ne faut pas perdre de vue ce que j'ai indiqué au chapitre II de la première partie : le corps humain se compose de myriades de cellules vivantes microscopiques, organisées en colonies, et notre propre vie découle de cette prolifération cellulaire ; la croissance et la reproduction, fonctions fondamentales des cellules, sont conditionnées par l'*assimilation*, propriété qu'ont les êtres vivants d'incorporer la matière inerte à leur propre substance, la transformant en matière vivante. Les déchets alimentaires non assimilés, ainsi que les résidus des cellules détruites, doivent être rapidement éliminés par l'organisme, sous peine d'*intoxication.*

Ceci permet de comprendre l'importance qu'il y a pour le maintien de la santé, à ce que notre alimentation corresponde *exactement* aux besoins de nos cellules, sans rien leur apporter d'inutile ou de nuisible.

En cas de maladie, il ne suffit pas d'intervenir par des moyens curatifs ; la plupart des maladies provenant, soit de carences, soit d'intoxications d'ordre alimentaire, il est indispensable, parallèlement au traitement médical, d'adopter une alimentation qui permette d'éviter les rechutes. Autrement dit, pour éviter le retour de la maladie, *il faut en faire cesser les causes.*

A - Les bases alimentaires

Il s'agit, avant tout, de connaître les substances nécessaires aux cellules, et les quantités utiles.

Outre l'oxygène, fourni par l'air respiré et que la circulation du sang transporte dans tout le corps, il y a :

1. LES PROTIDES, ou albumines : matières azotées constituant la substance même de la cellule ; composées d'oxygène, d'hydrogène, de carbone et d'azote.

2. LES GLUCIDES, ou sucres : hydrates de carbone, composés d'oxygène, d'hydrogène et de carbone, dans lesquels notre organisme puise l'énergie nécessaire aux mouvements. Les amidons sont aussi des glucides, parce que la digestion les transforme en sucre.

3. LES LIPIDES, ou graisses, (de même composition chimique) aliments de réserve, jouant sensiblement le même rôle que les glucides.

Outre ces trois substances de base, nécessaires chaque jour, en quantités assez importantes, il y a encore trois séries de substances indispensables, mais en quantités bien moindres : les VITAMINES, les DIASTASES OU ENZYMES, et les SELS MINÉRAUX. Quelle que soit la petitesse des quantités nécessaires de ces corps (certains sels minéraux, dits « oligo-éléments », ne se trouvent dans l'organisme qu'à l'état de traces), nos cellules ne peuvent en être privées longtemps sans souffrir de *carences*.

La découverte de cette notion, au début du siècle, a permis de se rendre compte de l'insuffisance du système de la « calorie » sur lequel reposait autrefois le calcul des rations, et qui ne tenait compte ni de la *qualité*, ni de la *nature* des aliments, ni des *proportions* de leurs constituants.

B - L'équilibre alimentaire

Les quantités de protides, glucides et lipides nécessaires par jour se calculent d'après le poids *théorique* du sujet (selon sa taille). Elles sont respectivement de :

1 g.	par kg de poids pour les	protides,
5 à 7 g.	— —	glucides,
1/2 à 1 g.	— —	lipides [1].

1. Ces chiffres varient suivant les auteurs. Nous avons adopté ceux du docteur E. Lenglet, membre du Conseil supérieur d'Hygiène publique de France.

Les chiffres les plus faibles correspondent aux besoins des sédentaires, les plus forts aux personnes ayant une grande dépense physique.

Exemple : un sujet de 60 kg a besoin, par 24 heures, de 60 g. de protides, 300 g. de glucides s'il est sédentaire ou 420 g s'il est très actif et 30 à 60 g de lipides, suivant le cas.

C - Les sources alimentaires

Pour appliquer cette règle, il suffit de savoir où trouver les protides, glucides et lipides. Or, des quantités d'aliments peuvent les fournir ; c'est ainsi que la viande contient de 14 % (porc) à 22 % (cheval) de protides ; un œuf en contient 6 g. Le lait de vache 3,3 % ; les fromages, de 18 à 30 % ; le blé complet 11 à 12 % ; le riz complet 7 à 8 % ; les fruits secs oléagineux, de 15 à 30 %.

On a cru longtemps que les protides de la viande et des sous-produits animaux étaient d'une qualité supérieure aux protides végétaux [2]. C'est une erreur car : « après la digestion intestinale, les acides aminés et les groupes d'acides aminés qui viennent des protéines du bœuf, du mouton, du grain de blé, n'ont plus aucune spécificité originelle... » (Carrel).

Ce qui doit présider au choix des sources de

2. Et de nombreux médecins le croient encore.

protides — comme de glucides et de lipides — c'est le contexte, c'est-à-dire la présence ou l'absence de substances toxiques les accompagnant. Or, il se trouve qu'à ce point de vue, les aliments du règne animal contiennent *toujours* divers poisons (purines, cholestérol, ptomaïnes), que l'organisme est obligé de neutraliser ou d'éliminer au prix d'un important surmenage des organes (foie, reins, cœur, vaisseaux, etc...) d'où une usure prématurée de ceux-ci, provoquant des maladies qui abrègent notre existence.

Les aliments végétaux, au contraire, ne contiennent pas ces dangereux poisons. Seules, les purines existent chez certains végétaux. Sans danger jusqu'au taux de 50 mg par 100 g. il suffit de s'abstenir de ceux qui dépassent ce taux : les légumineuses comme les haricots secs, les pois cassés (70), les lentilles (142) ainsi que l'avoine (79).

Il faut également s'assurer de la présence des « acides aminés indispensables », produits de dégradation des protéines, que l'organisme ne peut synthétiser et qu'il doit trouver dans son alimentation quotidienne, sous peine de graves désordres. Ils sont au nombre de 8, tous présents dans les protéines du blé complet, du riz complet et des fruits secs oléagineux. C'est pourquoi nous avons intérêt à remplacer la viande, comme source de protéines, par les céréales complètes et les fruits secs oléagineux.

En outre, une telle nourriture répond mieux à nos caractéristiques physiologiques ; la comparaison de notre dentition et les mesures de notre appareil digestif correspondent en effet à celles des animaux frugivores. (Voir Annexe I)

Une ration de 200 à 250 g. de blé complet par jour, sous forme de pain complet, de bouillies [3] ou de mets divers couvre très largement les besoins en ces 8 acides aminés indispensables pour une personne de 60 kg. Elle couvre également la moitié de ses besoins totaux de protéines et glucides. Insuffisante en lipides, le complément sera facile à trouver dans les fruits secs, fruits frais et légumes, sans faire appel aux aliments carnés. Pour les lipides, le problème est plutôt de ne pas en absorber trop : une cuillerée à soupe d'huile représente 10 g, et 50 g d'amandes sèches ou de noisettes contiennent 25 à 30 g. d'huile, soit la ration de lipides de 24 heures d'un sédentaire pesant 60 kg.

Les huiles végétales ne contiennent pas de cholestérol. Certaines même, comme l'huile de carthame et l'huile de tournesol ont, lorsqu'elles sont vierges, c'est-à-dire *non raffinées*, la propriété de favoriser l'élimination de cet alcool en excès. Il faut donc les préférer aux lipides animaux, comme la graisse ou le beurre, qui en renferment 4 g. au kg, ainsi qu'aux graisses industrielles comme la margarine ou la végétaline qui, même lorsqu'elles ne renferment pas de graisse animale ou d'huile de baleine, subissent des traitements chimiques et thermiques les rendant

3. A l'inverse du pain blanc, déséquilibré, le pain complet et la bouillie de farine complète ne font pas grossir. En outre, la présence d'une partie du son combat la paresse intestinale.

cancérogènes. Cependant, il ne faut pas oublier que les huiles ou graisses végétales raffinées sont nocives, les températures élevées, utilisées pour le raffinage, ayant pour effet de « décomposer les stérols et de former des produits cycliques de polymérisation extrêmement toxiques et même cancérogènes » (Professeur Reding).

Quant aux vitamines, diastases et sels minéraux, il suffit de faire une large place aux crudités et salades diverses pour en trouver suffisamment, sans crainte d'excès, ces substances ne pouvant nuire lorsqu'elles sont prises sous leur forme naturelle, dans des aliments végétaux.

D - La boisson

Le corps humain contenant environ 65 % d'eau (indispensable à la nutrition et aux éliminations cellulaires) nous devons remplacer les 2 litres environ que nous perdons par jour (urines, sueur, respiration, selles).

Si l'on s'abstient de boissons alcoolisées ou contenant des alcaloïdes comme le vin, le café, le thé, etc... pour éviter l'usure prématurée des organes ; si l'on évite l'eau du robinet, qui contient des produits chimiques, il ne reste que les eaux minérales pour parfaire la quantité d'eau fournie par les aliments usuels. Malheureusement, un usage aussi abondant d'eau minérale ne peut être recommandé sans réserves, en raison de la trop forte minéralisation de la plupart d'entre elles ;

en outre aucune garantie de fraîcheur n'est donnée pour les eaux en bouteilles [4].

C'est pour ces raisons que je conseille la consommation d'une ration de fruits frais de 3 livres minimum par jour, ce qui apporte à l'organisme plus d'un litre d'une eau pure, vitalisante et riche de toutes les vitamines, diastases et oligo-éléments précieux, sans que l'on ait besoin d'autre boisson. Ces fruits doivent être consommés au début ou avant le repas, jamais à la fin.

On peut aussi, dans une certaine mesure, avoir recours aux *jus de fruits*, à condition de les préparer soi-même ou de n'utiliser que des produits non stérilisés et n'ayant subi aucun traitement de décoloration, clarification, dépectinisation, etc... [5] Une réserve, cependant : pour être convenablement digérés, les jus de fruits doivent être pris par petites gorgées et bien insalivés, et non pas bus rapidement.

4. L'analyse montre que les eaux les moins chargées en minéraux sont les eaux de Volvic, Evian, Charrier.

5. Les « jus de fruits de Clion », préparés dans une des usines du groupe, sous le contrôle de *La Vie claire*, répondent à ces critères.

CHAPITRE II

APPLICATION PRATIQUE DE L'ALIMENTATION SAINE

A - Comment procéder

L'application pratique de ces données théoriques doit se faire progressivement. En effet, on ne saurait substituer à une méthode alimentaire à laquelle l'organisme est habitué, une autre méthode, même meilleure, sans provoquer un choc qui, dans certains cas, peut présenter des inconvénients. C'est ainsi que l'appareil digestif des personnes se nourrissant surtout de viande devient paresseux et incapable, au début de la réforme, d'effectuer les opérations destinées à digérer convenablement une quantité importante de céréales, d'en assimiler les divers acides aminés et d'opérer la transformation de l'amidon en glucose.

L'âge, notamment, a une grande importance. Plus le sujet est jeune, plus il s'adapte rapidement à l'alimentation saine ; mais cette règle peut présenter des exceptions dans le cas de certaines maladies.

La suppression progressive des aliments carnés peut

se faire de deux façons : ou bien en en diminuant les quantités chaque jour, ou bien en les supprimant totalement certains jours, de façon à avoir des « journées sans nocivité », par exemple 2 jours par semaine au début, puis 3 jours, 4 jours, etc... L'expérience a prouvé que cette dernière méthode est préférable.

De toute façon, certains aliments nocifs comme le pain blanc, les graisses animales, les huiles raffinées, le sucre blanc, le sel fin, les conserves, la charcuterie, les confiseries et pâtisseries du commerce et, en général, tous les aliments contenant des colorants ou des arômes synthétiques ou des conservants chimiques, peuvent être radicalement supprimés dès le début sans aucun inconvénient. On les remplacera par du pain complet (il en existe à différents taux de blutage : 85 %, 90 %, 92 %, que l'on peut utiliser graduellement), des huiles et graisses végétales ou des purées de fruits oléagineux, du sucre de canne non raffiné, ou des sirops naturels (érable, dattes), du sel marin brut, des confiseries et pâtisseries garanties sans produits chimiques.

Les légumes seront consommés crus, assaisonnés avec de l'huile et du citron, ou cuits « à l'étouffée », cette méthode étant préférable à la cuisson à l'eau, dans laquelle les sels minéraux sont dissous et dénaturés. Une fois la cuisson terminée, on assaisonne avec un peu de sel (sauf contre-indication médicale), de l'huile et un filet de citron. Certains aromates sont recommandables.

B - Menus types

Petit Déjeuner

Au début, lorsqu'on a beaucoup de carences à combler, on aura intérêt à prendre un repas assez copieux, comportant 500 g de fruits frais de saison, une bouillie de blé ou de riz complet, *maltosée* [1] avec une cuillerée à café de purée d'amandes et sucrée. On peut remplacer le sucre par des fruits secs sucrés coupés en morceaux (dattes, pruneaux, etc...), du sirop de dattes ou d'érable.

Pour varier, on peut prendre de temps en temps, de la bouillie de sarrasin, d'orge ou de manioc ou les remplacer par des tranches de pain complet avec des fruits secs (dattes et noix, ou figues et noisettes, ou raisin sec et amandes).

Lorsque les carences seront comblées, on pourra espacer progressivement les bouillies, pour arriver à ne manger que des fruits.

1. Cette opération a pour double but d'améliorer la saveur de la bouillie de blé et de la rendre plus digeste par l'action des diastases de l'amande sur l'amidon du blé, qu'elles transforment en *glucose*.

Voici un menu type de petit déjeuner :

	Prot.	*Gluc.*	*Lip.*
Fruits frais : 500 g	5,8	34	0,5
Fruits secs sucrés : 30 g	2,5	60	1,5
Blé (bouillie) : 50 g	1	20	0,5
Amandes (sous forme de lait) 10 g	1,8	1,8	5,4
	11,1	115,8	7,9

Dîner de midi

C'est le repas le plus copieux de la journée. Il comporte des fruits de saison, des crudités : racines râpées, radis, tomates, artichauts, radis noir, suivant la saison, une salade verte de saison et un plat de légumes cuits à l'étouffée ou de céréales. Pain complet. Assaisonnements : sel, huile, citron, aromates.

Voici trois menus types pouvant servir d'exemples pour les saisons de *printemps, été, hiver* :

	Prot.	*Gluc.*	*Lip.*
Cerises : 500 g	3	40	—
Radis roses	0,5	5	—
Beurre végétal	3	3,5	12
Salade de romaine (huile 5 g) ..	1	3	5
Jardinière à l'étouffée (huile 5 g)	4	45	5
Pain complet : 250 g	30	120	2,5
	41,5	216,5	24,5

	Prot.	Gluc.	Lip.
Pêches : 500 g	2,5	35	—
Carottes et navets râpés	1	5	—
Mayonnaise sans œufs (huile 20 g)	3	4	20
Salade de laitue, cerfeuil	1	3	5
Tomates poêlées	1,5	8	1
avec escalopes de blé	11,6	68	1,5
Pain complet : 150 g	18	72	1,5
	38,6	195	29

Pommes : 500 g	0,4	40	—
Radis noir	0,5	5	—
Purée de noisettes (20 g)	4	3	12
Salade de scarole (huile 5 g)	1	2	5
Potée d'hiver	12	75	5
Pain complet : 200 g	24	96	2
	41,9	221	24

Souper

Le souper varie suivant l'âge, l'appétit, la dépense physique de la journée et vient compléter les rations insuffisantes des autres repas. On a intérêt à manger moins le soir, de façon à avoir un sommeil calme et réparateur. Si l'on a besoin, les premiers temps, de repas plus copieux, il faudra, le plus rapidement possible, alléger le repas du soir en supprimant d'abord les légumes cuits, puis une partie des légumes crus, de façon à arriver à ne consommer que des fruits de saison, une salade et très peu de pain.

On recherchera le soir, les aliments ayant des vertus sédatives, comme les pommes, la laitue, la pastèque, le melon (qui contiennent du brome), la mâche (valériane), etc...

C - La cuisson à l'étouffée

On doit chercher à cuire les légumes à une température aussi basse que possible, les hydrates de carbone se coagulant vers 90°. On évitera la cuisson à l'eau (100°), les marmites sous pression (120°), les fritures (180 à 200°).

Une simple cocotte en fonte noire ou émaillée suffit pour cuire à l'étouffée. Les légumes sont coupés en rondelles ou en petits dés, ou en lanières s'il s'agit de choux. On verse au fond une bonne cuillerée d'huile, puis on met les légumes les plus juteux (oignons, tomates, courgettes, potiron, poireaux, etc.) ; par-dessus, on dispose les autres légumes, les aromates (thym, laurier, etc.) et l'on ferme le couvercle. On place le tout sur la plus petite flamme du gaz en veilleuse et on laisse cuire tout doucement, pendant 1 heure ou 2 suivant les légumes. La condensation doit suffire à empêcher les légumes d'attacher. Ne pas les mélanger pendant la cuisson. Lorsque celle-ci est terminée, on ajoute de l'huile, un peu de sel, des aromates végétaux suivant les légumes préparés, un jus de citron, et l'on mélange.

Une telle méthode rend presque inutiles les recettes

de cuisine, car elle permet de toujours réussir les plats avec n'importe quels légumes. Il suffit d'un peu d'ingéniosité.

D - Quelques recettes à l'étouffée[2]

Jardinière.

Ce mets peut se faire en toute saison, mais il est particulièrement savoureux au printemps, lorsqu'on a des légumes nouveaux.

Graissez votre cocotte avec une cuillerée d'huile. Sur un fond d'oignons émincés, placez 2 ou 3 tomates, des rondelles de courgettes ou des morceaux de potiron suivant la saison. Ajoutez carottes, navets, pommes de terre coupés en petits dés, des petits pois ou des haricots verts, des asperges. Il faut 2 à 3 livres en tout pour 4 personnes. Faites cuire à petit feu, sans eau pendant 1 heure et demie à 2 heures suivant la saison. Servez dans la cocotte, après avoir salé, ajouté une cuillerée d'huile et un filet de citron, et mélangé le tout.

Une demi-heure avant la fin de la cuisson, on peut ajouter 200 g. de champignons coupés en lamelles ou 100 g d'olives noires.

2. Extraites de : *Cinq cents recettes d'alimentation saine* (La Vie claire).

Les asperges.

Il faut avoir goûté une fois des asperges à l'étouffée pour se rendre compte de la délicieuse saveur de ce légume et de ses qualités nutritives, qui disparaissent dans la cuisson à l'eau.

Les asperges étant *pelées*, de façon à enlever, en commençant par la queue, la mince carapace ligneuse qui les entoure, on fait, au fond de la cocotte préalablement huilée, un lit des bouts opposés aux bourgeons, coupés à 3 ou 4 cm et l'on dispose les asperges à plat sur ce lit. Cuisson : 1 h. 1/2 environ.

Servez chaudes ou froides, avec une sauce faite d'huile, sel et citron ou une mayonnaise sans œufs.

Les choux.

Les personnes qui digèrent mal le chou cuit à l'eau seront très étonnées de la digestibilité du chou cuit à l'étouffée.

Lavez et essuyez les feuilles et le cœur d'un chou. Coupez-les en minces lanières. Garnissez la cocotte bien huilée, d'un fond d'oignons émincés, sur lesquels vous mettrez 2 ou 3 tomates coupées grossièrement. L'hiver, les tomates seront remplacées par des courgettes ou du potiron. Ajoutez le chou, un peu d'ail, thym et laurier. La cuisson demande 1 h. 1/2 à 2 h. Au moment de servir, salez légèrement, ajoutez 2 cuillerées d'huile et un jus de citron.

Le chou rouge se fait de la même façon. Une demi-heure avant la fin, on ajoute une vingtaine de pruneaux ou une belle pomme.

RECETTES DE BLÉ

Bouillie de blé.

Plutôt que d'acheter de la farine toute préparée, il vaut mieux moudre du blé soi-même au moment de l'emploi.

Mettez dans une casserole, deux bonnes cuillerées à soupe non arasées par personne et délayez-les avec un peu d'eau.

A part, faites bouillir de l'eau, ajoutez-la en mettant sur le feu et tournez vivement avec la cuiller en bois. La cuisson est presque instantanée. La bouillie épaissit et se colore. Ne la laissez pas bouillir. Salez et sucrez suivant les goûts. A ce moment, ajoutez une cuillerée à café par personne de purée d'amandes, pour maltoser, ce qui la rend plus digeste et meilleure au goût.

Escalopes de blé.

Ajoutez 100 g. d'oignons hachés à 200 g. de blé moulu, du persil haché, une cuillerée d'huile, du sel et assez peu d'eau pour obtenir une pâte plus épaisse qu'une pâte à crêpes. Mélangez bien et laissez reposer 2 heures.

On peut ajouter à la pâte 1 cuillerée à soupe de levure alimentaire.

Graissez la poêle avec de la graisse végétale. Déposez la pâte par cuillerées, en les aplatissant à 1 cm 1/2 d'épaisseur et faites cuire des deux côtés, à feu moyen, à découvert.

Servez dans un plat avec garniture de rondelles de citron, autour de tomates poêlées ou d'une potée niçoise.

TENEUR EN PROTIDES, GLUCIDES LIPIDES DES PRINCIPAUX ALIMENTS

(Voir : *Annexe IV*, les tableaux de composition, et principaux sels minéraux, oligo-éléments et vitamines).

CHAPITRE III

LES FACTEURS DE PROTECTION

Un des plus grands cancérologues de notre époque, le Pr. Bauer, de Heidelberg a écrit [1] :

« Voilà vingt-cinq ans que je consacre chaque journée de ma vie à la lutte contre le cancer. Aujourd'hui, je suis obligé d'avouer que, quelles que puissent être les difficultés, je mets mon dernier espoir dans les *mesures protectrices* contre le cancer... les méthodes de protection doivent occuper dorénavant la première place dans la lutte contre le cancer et se placer bien avant les méthodes thérapeutiques.

« Le rôle de l'alimentation dans la protection contre le cancer, a été récemment confirmé par de nouvelles observations. Nous sommes en droit de conclure que l'alimentation, quelle qu'en soit la nature, peut favoriser le cancer ou, au contraire, protéger contre lui. »

Cela ne s'applique pas seulement au cancer : chaque spécialiste pourrait en dire autant. En effet, il existe dans les aliments des quantités de facteurs de protec-

1. Dans : *Das Kreibsproblem*, 1949.

tion, la plupart ignorés du public, pour la raison très simple que les travaux des chercheurs qui s'y rapportent sont épars, généralement publiés dans des revues médicales ou scientifiques à l'usage des spécialistes, et que personne, jusqu'à présent, n'avait pris la peine de les rassembler pour en faire une véritable thérapeutique préventive.

Je vais indiquer les principaux facteurs de protection qui se rapportent aux maladies graves. Mais, auparavant, je voudrais demander au lecteur d'abandonner le préjugé selon lequel seuls des remèdes *puissants*, brutaux ont une efficacité contre des maladies comme le cancer, la leucémie, les troubles cardiaques, etc...

Il faut comprendre qu'une maladie « grave » est simplement une maladie que la médecine officielle est incapable de guérir et dont elle est généralement incapable d'arrêter les progrès chez le malade, de telle sorte que, tôt ou tard, cette maladie arrive à la phase irréversible. C'est ainsi que, par exemple, la poliomyélite était une maladie grave jusqu'à ce que le docteur Neveu, reprenant les théories de Delbet sur les effets du chlorure de magnésium sur les leucocytes, eût expérimenté sur des chiens d'abord [2], sur des enfants ensuite, un traitement consistant simplement en une solution de 20 pour mille, de chlorure de magnésium anhydre, administrée toutes les six heures, et se fût

2. La maladie de Carré, dite « maladie des jeunes chiens », dans sa forme paralytique, présente une grande similitude avec la poliomyélite.

aperçu que la poliomyélite était *guérie* en quatre ou cinq jours par ce moyen sans aucune séquelle [3].

Voici ce qu'écrit à ce sujet le docteur Roy, spécialiste du sang, dans son livre : *La Santé et la Liberté* [4] :

« La puissance du Bien n'a pas le caractère de la puissance du Mal. Elle n'est pas une violence sensible à tous. Elle est secrète et sans force apparente ; mais, dans son mystère, elle ne cesse point de triompher du mal. Il faut délivrer l'esprit humain de cette vieille erreur qui considère comme inférieurs à la force violente du mal et incapables de la vaincre, les remèdes de caractère inoffensif et bienfaisant...

« C'est du côté des minéraux inoffensifs, c'est du côté de l'innocence des plantes qu'il faut rechercher les remèdes les plus sûrs, même ceux des maladies les plus violentes ou les plus incurables. Et, au premier rang des remèdes, on placera les aliments.

« La première condition de l'immunité, pour l'homme comme pour l'animal, est certainement la salubrité et la qualité de la nourriture. »

3. Ces observations sont relatées dans le livre *La Polio guérie* (La Vie Claire, éd.). Cette méthode n'est pas reconnue par la médecine officielle, parce qu'elle est contraire au dogme sacro-saint de la vaccination. C'est pourquoi l'Ordre des Médecins préfère laisser mourir les malheureux polios ou les laisser devenir paralysés, plutôt que d'homologuer ce traitement absolument inoffensif et infaillible lorsqu'il est appliqué à temps. Le docteur Neveu a publié également un livre sur : *Le Chlorure de magnésium dans l'élevage* (Le François, éd.)

4. La Vie Claire, éd.

Le lecteur ne doit donc pas s'étonner de trouver ici, comme facteurs de protection, de simples aliments comme l'huile, le pain, le sel..., à condition que ceux-ci possèdent toutes leurs qualités et conservent, de ce fait, toutes leurs vertus. Certaines de celles-ci permettent de limiter les dégâts et de compenser la nocivité de certains aliments qu'il est difficile d'éviter lors d'un banquet ou d'un repas d'affaires.

En outre, il n'est pas sans intérêt de connaître les aliments capables de nous protéger contre la menace des pollutions de toute sorte qu'il est impossible d'éviter actuellement, comme la pollution de l'air, l'emploi généralisé des insecticides, les retombées d'expériences atomiques, l'effet nocif des radiographies, des appareils de télévision, etc...

Je donnerai enfin quelques conseils permettant de se désintoxiquer rapidement et de compenser ou d'effacer les effets du surmenage qu'imposent les obligations de la vie professionnelle, pour la plupart d'entre nous, à certains de nos organes comme le foie, les reins, le cœur, le cerveau, le système nerveux...

A - Protection contre l'arthritisme

J'ai montré, dans la première partie, que l'état arthritique consistait principalement en une acidité du sang et des humeurs due à un excès de protides dans la ration alimentaire, laissant dans le milieu cellulaire des déchets non éliminés, par suite du surmenage des organes d'élimination, devenant de moins en moins capables de jouer complètement leur rôle.

C'est, en quelque sorte, un vieillissement prématuré des principaux organes, entraînant une diminution des fonctions vitales, dont la plus importante est l'élimination de tout ce qui n'est pas assimilé.

Pour éviter l'arthritisme, la première condition est d'avoir une alimentation *parfaitement équilibrée* au point de vue de la quantité de *protides, glucides* et *lipides*, en se reportant aux indications données à la 2e partie, chap. II. Dès qu'il y a un excès de protides par rapport à la quantité de glucides et de lipides, l'acidité des humeurs augmente et le processus de l'arthritisme est déclenché.

Cette recommandation, très facile à observer lorsqu'on prend ses repas à la maison, est à peu près impossible à suivre dans un repas d'affaires, où les rations de viande, beaucoup trop copieuses, sont aggravées le plus souvent par les hors-d'œuvre composés de « cochonnailles » et autres « pâtés du chef », sans compter les entrées à base d'œufs, de fromage ou de crustacés, ce qui donne une ration de protides 3 ou 4 fois plus importante que la normale. A moins de jouer le monsieur « au régime » ce qui mécontente la personne qui vous a invité ou empêche les convives de faire honneur au repas si l'on est l'amphitryon, il est impossible de remédier à cette situation.

Mais on peut en diminuer les effets en compensant cet excès de protides (et généralement de lipides), au cours des autres repas de la journée : *au petit déjeuner*, en ne prenant que des fruits de saison, sans lait ni beurre, en évitant le pain, les croissants, etc..., et au *repas de midi*, si le repas d'affaires a lieu le soir, et inversement, en mangeant en abondance des fruits de saison, des crudités avec peu d'huile, du citron, le moins possible de pain, pas de viande, ni de laitages.

Une deuxième condition est de remplacer le pain blanc par du pain complet lorsqu'on mange à la maison. En effet, le pain blanc, à cause de ses carences, est le grand responsable de l'arthritisme. Responsable *direct*, puisqu'il n'apporte pas à l'organisme certains éléments indispensables (oligo-éléments, acides aminés essentiels, vitamines, enzymes, etc... [5]) ; responsable *indirect*, parce que, ne trouvant pas ces substances dans son aliment de base qu'est le pain, (notamment les acides aminés essentiels), le sujet est poussé instinctivement à les chercher ailleurs, c'est-à-dire dans la viande et dans les sous-produits animaux qui apportent en même temps à son organisme divers poisons comme le cholestérol, les purines (d'où naîtra l'acide urique), les ptomaïnes, etc...

Enfin, il ne faut pas oublier que le principal facteur de désintoxication, pour l'arthritique, est *le fruit frais cru* (qui devrait toujours être consommé, je le répète, *avant* le repas ou au début du repas, ou encore entre les repas, jamais à la fin).

Chaque fruit a ses propriétés particulières qu'il faut

5. Voir Annexe III.

connaître [6]. Dans le cas de l'arthritisme, il faut savoir :

— que *l'ananas* contient une diastase qui aide considérablement à digérer les excès de protides. En user abondamment lorsqu'il y en a dans un repas d'affaires (et qu'il est *frais*, bien entendu). Même consommé à la fin du repas, il aidera l'organisme à assimiler les viandes, ce qui est moins nocif que de surcharger l'organisme de déchets non assimilés ;

— que le *pamplemousse*, le *citron*, la *tomate* (crus) aident le foie à supporter l'excès de lipides [7] ;

— que la *pastèque*, la *cerise*, sont de véritables médicaments pour les reins ;

— que les *fraises* sont un puissant désintoxiquant, et que les rhumatisants doivent en faire des cures à la saison (à condition de trouver des fraises cultivées biologiquement et, par conséquent, non traitées) ;

— que la *cure de raisin* est préconisée par un grand nombre de médecins naturistes et de diététiciens. Cette

6. Je ne saurais trop recommander la lecture du petit livre du Pr. R. Lautié : *Parmi les plantes bienfaisantes* (La Vie Claire édit.).

7. Les tomates ne doivent être consommées que bien mûres à leur saison, c'est-à-dire de *juin à fin septembre*, et non forcées en serre. Il ne faut pas craindre les « fruits acides ». Leur acidité est compensée par des substances alcalines qu'ils contiennent. Ce n'est pas cette acidité-là qui conduit à l'arthritisme, mais celle qui naît spontanément dans l'organisme lorsqu'il y a excès de protides, notamment de viande. Des rhumatisants ont été guéris par des cures de citron (réf. : Dr. Leclerc : *Les Fruits de France.* Legrand, éd. chap. « Citron »)

cure consiste à consommer *exclusivement* 1 à 2 kg par jour de raisin blanc ou noir (ce dernier contenant, en plus de ce que contient le blanc, l'œnocyanine, qui est un tonique). Cette cure est diurétique, laxative et facilite l'élimination de l'acide urique ; elle est donc des plus indiquées pour les arthritiques. Elle provoque également une hypersécrétion biliaire, ce qui la rend précieuse pour les personnes souffrant d'insuffisance hépatique. Le jus de raisin est en outre reminéralisant et, pour de nombreux auteurs, il est considéré comme un véritable « lait végétal », sa composition étant assez proche de celle du lait de femme.

B - Protection contre le cancer et la leucémie

J'ai indiqué (Chap. IV, 1re partie) que le cancer résultait de carences de vitamines et d'oligo-éléments. Les plus importantes sont : les vitamines de la série B, particulièrement B_2, et le magnésium, le cuivre, le cobalt et le manganèse [8].

Tous ces éléments, sans exception, se trouvent dans le blé complet. Malheureusement, ils disparaissent presque complètement de la farine blanche, puisque

8. Pour le magnésium, cf. travaux de Delbet : *Politique préventive du cancer* (L.V.Cl.). Pour le cuivre et les autres oligo-éléments : travaux de A. Voisin : *Sol, Herbe, Cancer* (Mais. rust., édit.). Pour la Vit. B 2, voir : « Expérience Yoshida », dans *Le Médecin muet*, par H.-Ch. Geffroy (L.V.Cl.) page 297.

celle-ci ne contient ni l'enveloppe de la graine, ni le germe, ni l'assise protéique et que c'est justement dans ces trois parties du blé qu'ils se trouvent.

Le plus important facteur de protection contre le cancer et la leucémie est donc :

Le *pain complet* et les céréales complètes [9].

Viennent ensuite :

Le *sel*, à condition que ce soit du sel marin de bonne provenance (car sa teneur en magnésium varie d'une région à l'autre) et qu'il ne soit pas raffiné. Il assure à l'organisme une petite dose quotidienne de magnésium fort appréciable, sans inconvénient pour l'organisme si l'on en use modérément.

Les *légumes verts, crus*, sont une importante source de magnésium. En effet, le magnésium est toujours lié à la chlorophylle. Lorsqu'on mange de la salade, il faut donc rechercher les feuilles bien vertes (mâche, laitue, pissenlit, etc...) et non les salades étiolées, comme les endives, la chicorée, etc...

(Voir également les tableaux de composition à l'annexe IV.)

La *levure alimentaire*, qui peut être considérée comme un précieux facteur de protection, lorsqu'il s'agit de levures de bonne souche, convenablement cultivées et préparées. Ce produit contient, en effet, non seulement 50 % de protéines, mais de nombreux oligo-éléments ainsi que les vitamines de la série B.

Les *huiles végétales non raffinées*, qui ont une

9. Voir : Annexe III.

importance presque aussi grande que le pain complet. En effet, d'une part, les travaux de Bronte-Steward, de Cape Town [10] ont révélé que certaines huiles végétales, *à condition de n'être pas raffinées*, avaient la propriété remarquable de faire baisser le taux de cholestérol dans le sang lorsqu'on en fait un usage régulier ; d'autre part, deux chercheurs français, Kousmine et Gaillard, ont mis en évidence l'importance du facteur F dans la protection contre le cancer et la leucémie. Constituée par les acides gras polyinsaturés qui se trouvent dans les huiles végétales pressées à froid, *non raffinées*, cette substance protège la cellule contre les toxines microbiennes. Sa carence, chez les personnes consommant des huiles raffinées ou de la margarine, rend la muqueuse intestinale perméable aux bactéries qui pullulent dans l'intestin (en nombre d'autant plus grand que l'alimentation est riche en protides animaux). En outre, le facteur F, selon ces chercheurs, agirait comme un véritable mécanisme freineur de croissance de la cellule, empêchant celle-ci de s'alimenter abusivement, *ce qui peut la pousser à proliférer de façon anarchique* [11].

Les *girolles* ou chanterelles sont un puissant facteur de protection contre la leucémie [12], grâce à leur richesse

10. Publiés dans : *Lancet* (Londres), 28.4.1956.

11. Les travaux de Kousmine et Gaillard ont été publiés dans : *L'Homéopathie française* (Doin éd.) p. 367 en juin 1962. Une analyse en a été donnée dans *La Vie Claire* en octobre et novembre 1963.

12. Voir : *Le Médecin muet*, p. 251.

en cobalt [13]. L'importance du cobalt dans la multiplication des globules rouges a été mise en évidence par les travaux de Weissbecker sur la *Cobalthérapie* [14], en montrant que l'utilisation du fer par l'organisme ne peut se faire que s'il n'y a pas de carence de cobalt.

Les autres aliments riches en cobalt sont : la carotte (particulièrement les feuilles), le sarrasin, les figues, l'oignon, la tomate, l'épinard, le chou, l'orange, l'abricot, la prune et, bien entendu, le blé complet.

Comme toujours, les essais d'administration de cobalt sous forme de médicament ont donné lieu à des déceptions. Les résultats ont été inégaux et peu satisfaisants. Des effets secondaires, comme une hypersalivation, des nausées, des vomissements, de la tachycardie, une augmentation brusque de la pression sanguine ont été constatés.

C - Protection contre les maladies cardio-vasculaires

Pour trouver comment l'on peut se protéger contre les maladies cardio-vasculaires, il faut *comprendre* ces maladies. Je vais donc expliquer brièvement leur mécanisme.

13. 100 grammes de girolles contiennent 0,213 mg de cobalt, dose énorme, puisque dans le corps humain, il faut 0,004 g. pour 100 kg de matière sèche.

14. Publiés dans : *Deutsche Medizinicher Wochenschrift*, 20.1.1950.

La médecine les classe d'après les symptômes et leur localisation. Cela n'apporte rien à la compréhension du problème. J'adopterai le classement d'après les CAUSES.

On peut les classer en quatre groupes : 1° : Celles ayant pour cause une *usure prématurée du système* cardio-vasculaire ; 2° : celles provenant d'une *altération des parois* des vaisseaux ; 3° : celles provenant d'une *modification de la fluidité du sang* ; 4° : celles qui ont pour cause un *déséquilibre du système nerveux sympathique - parasympathique.*

Je suis obligé de développer un peu cette énumération.

Le premier groupe a pour origine une mauvaise hygiène générale : vie trépidante, air pollué, temps de sommeil insuffisant, etc, mais, avant tout, *mauvaise hygiène alimentaire* : excès d'aliments carnés, alcool et alcaloïdes [15], apportant des purines, du cholestérol,

15. Derrière tout cela, il y a *la cause des causes*, comme disait Hippocrate : *le pain blanc.* Le fait de vendre sous le nom de *PAIN* un produit différent de ce qu'a été le pain depuis des millénaires, et ne correspondant même plus à la définition *légale* de cet aliment, constitue une *tromperie sur la marchandise*, dont la conséquence est le développement effréné du cancer, des troubles cardio-vasculaires et autres maladies dites « de la civilisation ». Ne trouvant plus dans un pain correct certains éléments dont son organisme a besoin, le consommateur les cherche dans les aliments carnés dont l'abus l'intoxique, affaiblit ses organes d'élimination et le pousse à rechercher des boissons de plus en plus alcoolisées, ou contenant des alcaloïdes comme le café, le thé, etc. (Voir : *Le Médecin muet*, Annexe I).

des ptomaïnes, et provoquant, dans la circulation, de terribles à-coups qui, répétés plusieurs fois par jour, au moment de l'assimilation, déterminent l'usure prématurée du cœur et du système circulatoire. L'obésité est également un facteur d'usure prématurée du cœur, ainsi que je l'explique au chapitre VI (Première partie).

Le deuxième groupe : *altération des parois*, provient essentiellement d'un excès de cholestérol et d'une carence de magnésium. Le cholestérol en excès s'infiltre dans les parois du système vasculaire et du cœur, et les dépôts de calcium forment des plaques dures qui leur font perdre leur élasticité. Ce dernier phénomène provient d'une carence de magnésium, dont le rôle comme régulateur du calcium a été démontré par Delbet [16].

Les maladies du troisième groupe : *épaississement du sang* ont pour principale cause la consommation de pain blanc, dont l'effet est d'épaissir le sang, par suite d'un trouble du métabolisme de l'amidon de ce pain, privé d'une partie des diastases (les principales se trouvant dans le son). C'est ce trouble, de plus en plus répandu, que le docteur de Larebeyrette a étudié et signalé dans son livre : *Hémogliase, hyper-Alpha 2* [17]. Cette affection se caractérise par un ralentissement de la circulation provoquant divers troubles : céphalées

16. Voir : *Politique préventive du cancer* (La Vie claire, éd.).

17. Ouvrage épuisé. Son analyse a été publiée par *La Vie Claire*, en février 1959.

de la région occipitale, somnolences après le repas aggravées bientôt d'éclipses vertigineuses brèves (auxquelles l'auteur attribue certains accidents d'auto inexplicables, chutes d'échafaudages, etc...), fragilité capillaire, hypotension, ralentissement idéatoire, sénescence précoce avec disparition du désir génésique, etc...

Les causes des maladies du 4e groupe : *déséquilibre du système sympathique - parasympathique* sont multiples : c'est la rançon de notre civilisation absurde, de notre perpétuelle agitation, de ces alternatives de dépression et d'excitation auxquelles nous soumettons notre organisme, et de la carence des principaux aliments de la cellule nerveuse : *phosphore* et *magnésium* [18].

Ce déséquilibre du système sympathique se répercute sur les mouvements du cœur et la tension (sur lesquels ce système agit comme régulateur), provoquant des troubles, même en l'absence de toute lésion.

Ici encore, le pain carencé est le grand coupable : le blé contient ces deux substances sous une forme parfaitement assimilable : mais c'est justement dans le son, dans l'assise protéique et dans le germe que se

18. Il faut savoir que les sels minéraux ne peuvent *être fixés* par la cellule humaine que s'ils émanent d'aliments *végétaux*. Pris dans le règne animal où ils sont dépotentialisés, ou sous la forme minérale, la cellule les refuse et l'organisme les élimine rapidement. « Mangez du poisson pour avoir du phosphore » ou « des laitages pour le calcium » sont des formules publicitaires mais fallacieuses au point de vue biologique.

trouvent le phosphate de chaux et les sels de magnésium : différence du simple au double pour le magnésium (Randoin et Simonnet) et de 2 à 5 pour le phosphore, entre le pain blanc et le pain complet (Martin-Charpenel).

Ceci étant brièvement exposé [19], il est facile de trouver les facteurs de protection contre ces diverses affections.

Le plus important est le remplacement du pain blanc par du *pain complet* de bonne fabrication, à un taux minimum de 90 %.

Ensuite, on évitera tout cholestérol *exogène* (graisse de viande, beurre : 4 g par kg ; lait : 0,2 g par l ; fromages : 2 à 3 g par kg ; cervelle de veau : 20 g par kg ; œufs : 0,250 g par œuf) et — dans la mesure du possible — le cholestérol *endogène* : lorsqu'il y a surmenage du cerveau et des nerfs, insomnie, hyperactivité, nos cellules produisent davantage de cholestérol et le taux de ce corps s'élève dans le sang (taux normal : 1,5 par l de sang).

Depuis quelques années, une autre source de cholestérol exogène est venue s'ajouter à celles mentionnées ci-dessus, c'est la chair des animaux nourris avec des aliments supplémentés d'*antibiotiques*, qui se transforme en amas de boues cholestéroliques [20]. Il y a

19. Voir pour détails : *Le Médecin muet*, 2e partie, chap. VII.
20. Ceci est expliqué et développé par le professeur Pech, dans son livre : *Menaces sur votre Vie* (Gallimard).

donc lieu d'éviter, autant que possible, de consommer de telles viandes, et de noter que ce sont les viandes blanches (veau, poulet) qui sont les plus malsaines, ces animaux étant tués plus jeunes, on peut leur donner une dose plus forte d'antibiotiques, dose qui serait fatale à des bœufs ou à des moutons.

Pour éviter le cholestérol exogène, il faut donc s'abstenir le plus possible de viande, de graisses animales et de laitages. En outre, certaines huiles végétales, lorsqu'elles sont pressées à froid et non raffinées, ont la propriété d'aider l'organisme à éliminer l'excès de cholestérol. C'est le cas des huiles de tournesol, de carthame et d'arachide[21].

Pour ce qui est des carences de magnésium et de phosphore, il suffit de s'appliquer à consommer des aliments végétaux contenant une quantité importante de ces deux corps. Se reporter, pour le magnésium, aux indications données à propos du cancer et aux tableaux de l'Annexe IV pour les sources de phosphore et les autres sources de magnésium.

Pour compléter ces indications, il me faut encore signaler l'intérêt de l'ail (cru), comme hypotenseur et, pour améliorer la circulation dans les vaisseaux capillaires (souvent engorgés par des boues cholestéro-

21. Contrairement à ce que croient la plupart des gens et même de nombreux médecins, qui se basent sur la publicité fallacieuse des producteurs, les huiles de maïs et de pépins de raisin n'ont aucune action sur le cholestérol, parce qu'elles ne peuvent être commercialisées qu'après un raffinage qui détruit cette propriété.

liques), la méthode des bains à température croissante, selon le docteur Salmanoff [22], qui ont pour effet de *dilater les capillaires* et d'opérer un véritable décrassement de ceux-ci.

D - Protection contre les maladies provoquées par les radiations nocives

Si j'ai tenu à ajouter ce chapitre aux facteurs de protection, ce n'est pas qu'un grand nombre de mes lecteurs soient déjà menacés par ce genre de troubles, mais parce que ce que je rapporte plus loin montre bien la puissance de protection que possèdent de simples aliments, lorsque leurs précieuses qualités sont respectées.

Il m'a été en effet donné d'assister à une guérison extraordinaire, dans ce domaine, et je tiens à la faire connaître pour que chacun puisse en faire son profit [23].

Ce cas, observé sur un technicien de la recherche

22. Cette méthode est exposée dans son livre : *Secrets et Sagesse du corps* (La Table Ronde, édit.) et appliquée encore par des médecins qui sont ses disciples.

23. Ces faits ont été publiés par *La Vie Claire* en février 1962. Bien entendu, un silence total de toute la grande presse a accueilli cette publication. Ils sont reproduits à l'annexe VII, avec des extraits d'un article du professeur Lautié, Docteur ès sciences, sur le même sujet.

nucléaire, n'intéresse peut-être, actuellement, qu'un petit nombre de lecteurs. Mais chacun sait que l'immense développement que prend l'utilisation de l'énergie atomique (tant « pacifique » que militaire) et surtout le danger que présente le problème des *déchets*, constituent une menace qui se réalisera tôt ou tard, *inéluctablement*... [24] et que, ce jour-là, le problème de la protection contre ce genre de pollution se posera de façon impérieuse.

Or, cette expérience prouve que la méthode que j'ai appelée *Alimentation saine*, décrite au début de la 2e partie, constitue un étonnant moyen de protection contre les effets nocifs des radiations. Cette protection semble provenir, en premier lieu, de l'usage régulier d'*huiles végétales vierges* c'est-à-dire non raffinées et, en particulier, de l'*huile d'olive* extraite à froid, par simple pression, si l'on en croit les travaux de l'Institut Cajal, de Madrid (1961). Cependant, comme l'indique le professeur Lautié dans son commentaire, parlant de l'organisme humain : « un seul produit, même de haute valeur, ne peut pas le protéger pleinement, lui permettre de catalyser ses innombrables synthèses... Contre le mal des rayons X et des isotopes artificiels, la défense organique n'est possible que par une ration quotidienne raisonnable de produits naturels, de préférence crus, bien équilibrés et n'ayant

24. Lire à ce sujet l'important document qu'est le livre de Barry Commoner : *Science and Survival*, traduit en français sous le titre : *Quelle Terre laisserons-nous à nos enfants ?* (Ed. du Seuil).

souffert ni du transport, ni des artifices industriels ou culinaires [25]. »

Ces conditions se trouvent réunies dans l'Alimentation saine, lorsqu'on a la possibilité de la pratiquer continuellement, comme ce fut le cas du technicien dont je relate l'expérience.

25. Voir Annexe VII, article : « Les huiles anti-radioactives ».

CHAPITRE IV

COMMENT LIMITER LES DÉGÂTS

A - Alcools

Il est impossible, dans certains cas, de refuser d'assister à des cocktails ou à des banquets ou autres repas d'affaires et, dans ce cas, on se fait mal voir si l'on refuse les boissons alcoolisées pour n'accepter que des jus de fruits ou de l'eau minérale. Le vin étant une production nationale, il est de bon ton de s'empoisonner avec ; le buveur d'eau est donc considéré comme un citoyen douteux. Or, il faut savoir que la consommation régulière de vin — je ne parle pas des doses utilisées par les alcooliques, mais des doses permises par ces messieurs-dames de la diététique officielle [1] — surmène lentement les organes d'élimination : foie, reins, glandes sudoripares, ainsi que le cœur, le cerveau et le système vasculaire, de telle sorte que ceux-ci sont à peu près hors d'usage vers

1. Voir 2e partie. Prologue.

soixante-cinq ans, c'est-à-dire à la moitié de la durée normale de la vie humaine[2].

Il faut savoir qu'il existe un facteur de protection assez efficace contre les dégâts de l'alcool sur l'organisme, c'est l'huile végétale vierge (c'est-à-dire *non raffinée*), et particulièrement l'huile d'olive, l'huile d'amandes douces et l'huile de noisettes.

Il est notoire qu'en Italie, où la consommation de vin par habitant est à peu près aussi forte qu'en France, il y a beaucoup moins d'alcoolisme, ou, tout au moins, ses conséquences sont moins graves que dans notre pays. Cela tient à la consommation régulière d'huile d'olive faite par les Italiens de tous les milieux.

Comment utiliser cette précieuse propriété des huiles végétales nobles ?

Je connais des personnes qui avalent tranquillement, à jeun, une cuillerée à soupe d'huile d'olive ou d'amandes douces ! Je n'approuve pas cette façon de faire, d'abord parce qu'elle est très désagréable ; ensuite, parce que je pense qu'on ne doit pas traiter un aliment de haute qualité comme un *médicament*. Il

2. Ceci n'est pas une simple boutade, mais un fait scientifique dont le lecteur peut avoir confirmation dans : Dr A. Bertholet : *Atlas des lésions anatomo-pathologiques des organes par l'alcoolisme*. (Helv. Lausanne, 1913), pour ce qui est des effets de l'alcool et des boissons qui en contiennent.

Pour ce qui est de la durée normale de la vie humaine, voir : première partie, chap. III — B « Doublez la durée de votre existence ».

est nécessaire, si l'on veut vivre en bonne santé, de perdre jusqu'à la pensée du « médicament » ; c'est une discipline psychique à s'imposer, qui permet d'acquérir la santé naturelle, la seule durable, celle qu'on obtient par la vertu des plantes, nos amies, dont nous devons apprendre à connaître les bienfaisantes propriétés, tant nutritives que protectrices.

Il existe heureusement un moyen plus normal et moins désagréable, pour le cas qui nous intéresse : il y a toujours, dans un cocktail convenable, des « amuse-bouche », parmi lesquels des olives vertes et noires, des amandes et autres fruits secs salés. Laissez de côté les olives vertes, qui sont des fruits cueillis avant maturité, dont l'huile n'est pas encore élaborée, et qui d'ailleurs ne sont pas comestibles puisqu'on ne peut les commercialiser qu'après divers traitements chimiques destinés à leur enlever leur amertume. Mangez abondamment des olives noires, des amandes, et des noisettes salées, voire des noix de caju, des pignons de pin et des pistaches. Tous ces fruits contiennent de 45 à 60 % d'une huile absolument pure et naturelle, qui vous protégera aussi bien sinon mieux qu'une cuillerée d'huile d'olive, contre les excès d'alcool que vous allez faire avant et pendant le repas.

Lorsque vous voyagez longtemps en voiture, il existe un bon moyen d'éviter la soif qui vous pousserait à boire aux étapes, au cours des repas, et rendrait vos réflexes moins sûrs, c'est de manger des fruits en abondance, entre les repas ou au début de ceux-ci : pamplemousses, melons, pastèques, melons d'Espagne, fruits de saison. Refusez ces rites hôteliers absurdes, comme le ciselage préalable du pamplemousse, qui a pour effet de léser les cloisons intérieures, d'où s'échappe une essence amère gâtant complètement la saveur de ce fruit délicieux. Evitez aussi de l'inonder de sucre raffiné, nullement nécessaire et qui de plus est nocif.

B - Hors-d'œuvre

Dans un repas de qualité, il y a généralement un grand choix de hors-d'œuvre. Vous êtes libre de choisir ceux qui vous plaisent.

Rejetez donc tout ce qui est charcuterie ; en effet, celle-ci est devenue encore plus nocive, depuis que l'emploi des *monoglutamates*, du salpêtre et, plus récemment, des *nitrites*, a été autorisé par décret [3]. Rejetez aussi les produits fumés, cette opération se faisant maintenant en quelques minutes au moyen de

3. La loi du 3 octobre 1964 (J. Officiel, p. 8923) autorise l'emploi en saumure de conserverie de *nitrite de sodium*, pour renforcer le pouvoir de conservation des saumures et embellir la couleur des poissons, des viandes, de la charcuterie, etc... Outre les effets bien connus de ce poison : déséquilibre du sang, asphyxie, anémie, intoxication par usure des reins, les récents travaux des docteurs Melvin Greenblatt et Sidney Mirvish, de l'institut Eppley de recherches sur le cancer, à l'Université de Nebraska ont montré qu'il est cancérogène. (L.V.Cl. juin 1971, p. 3, Pr. Lautié : *Nitrites et Cancer*).

produits chimiques cancérogènes ; les conserves, bien entendu ; les légumes cuits, comme la salade de pommes de terre, la betterave rouge, etc... qui font généralement partie de ce qu'on appelle « crudités » dans le jargon des restaurateurs.

Préférez les *vraies* crudités : tomates, concombres, chou rouge ou vert, radis roses ou noirs, suivant la saison, céleri-rave ou en branches, carottes râpées et toutes les sortes de salades, surtout *les plus vertes*, riches en magnésium.

Si vous êtes dans un restaurant qui se respecte, demandez de l'huile d'olive [4] et du citron, et faites vous-même votre assaisonnement. Vous éviterez ainsi l'assaisonnement « maison », à l'huile raffinée, qui conduit doucement au cancer et à l'infarctus. Servez-vous abondamment de crudités : ainsi vous aurez moins d'appétit pour ce qui va suivre !

C - Poissons — Crustacés

Le poisson n'est pas meilleur que la viande. S'il est moins chargé en purines, par contre, il se putréfie plus rapidement dans l'intestin (cet organe est plus long chez l'homme que chez les animaux constitués pour

4. L'huile d'olive est plus souvent de bonne qualité que les autres. En effet, même dans des restaurants réputés, la salade est généralement assaisonnée avec de l'huile dite « de table », à bas prix, évidemment raffinée.

utiliser cette nourriture). En outre, à part le poisson pêché le jour même par des pêcheurs isolés et vendu sur le littoral, le poisson des chalutiers, expédié loin de la côte, est conservé dans de la glace traitée aux antibiotiques pour assurer une longue conservation, ce qui augmente sensiblement sa nocivité.

Si vous n'êtes pas convaincu, faites le test « chat » : achetez un poisson au marché et offrez-le à votre chat. Il le refuse.

Quant aux belles truites que vous voyez dans les viviers, elles proviennent *obligatoirement* d'élevages ! Elles n'échappent donc pas au « forcing » alimentaire.

Les huîtres, les oursins et autres praires, parce qu'ils sont consommés crus, présentent moins de nocivité. Arrosez-les largement de jus de citron, *bactéricide puissant* et mangez-en raisonnablement.

Les langoustes et homards sont préférables au poisson, parce que les poisonniers les reçoivent vivants et les conservent en viviers d'eau de mer. Ce n'est pas une raison pour en abuser, surtout si votre foie et vos reins sont déjà fatigués.

D - Viandes et gibier

On me demande souvent quelles sont les viandes les moins nocives. Il est très difficile de répondre à cette question : en effet, la nocivité de la viande ne vient pas de l'espèce d'animal, mais de la façon dont il a été nourri et soigné. C'est ainsi qu'une volaille nourrie au grain, en plein air, est bien moins nocive que celle provenant d'un élevage dans lequel les poulets sont parqués sans voir le jour, sans air, bourrés d'antibiotiques pour lutter contre les épidémies et nourris de pâtées composées pour leur faire atteindre rapidement l'âge où ils seront tués.

Pour la viande de boucherie, il faut retenir que, plus un animal est abattu jeune, plus forte est la dose d'antibiotiques qu'il reçoit dans sa nourriture. La quantité donnée à un veau peut être très importante puisqu'on l'abat avant l'âge adulte où il deviendrait cardiaque ; avec la même dose, un bœuf crèverait d'infarctus avant l'abattoir. Il en résulte que, à l'inverse de ce qui se passait il y a cinquante ans, où l'on donnait de préférence des viandes blanches aux convalescents, celles-ci sont maintenant beaucoup plus nocives que les rouges.

Si le mouton était élevé toujours dans les herbages, ou mieux, dans les prés salés de Basse-Normandie, sa viande serait évidemment préférable à celle du bœuf. Mais l'élevage du mouton a suivi, lui aussi, le progrès et les vaccinations et traitements qu'on fait subir à cet animal sont la preuve que sa nourriture est anormale, puisqu'il est victime de toutes sortes de maladies.

Pour avoir une idée de la nocivité des viandes de bétail nourri selon les procédés modernes, je prie le lecteur de se reporter à l'Annexe VI : « *Le nouveau problème de la viande* »... et de m'excuser si je suis incapable de répondre plus nettement à la question posée en tête de ce chapitre ; mais mon expérience m'a appris qu'à l'heure actuelle, il n'est plus possible de considérer *aucune* viande de boucherie, comme comestible sans danger.

Le gibier *véritable*, nourri dans la nature, serait évidemment préférable à la viande de boucherie, bien qu'il ne faille pas oublier les quantités de D.D.T. et autres poisons qu'il absorbe inévitablement, ce qui explique sa disparition progressive d'année en année.

Mais existe-t-il encore du gibier véritable ? Il y a maintenant des élevages de pintades, de faisans, de perdreaux, pour repeupler les chasses. Certains éleveurs travaillent même directement avec les revendeurs et les restaurants.

Il ne faut donc pas trop croire à la possibilité de trouver là une viande parfaitement saine.

E - Laitages

Si l'on admet que la viande des animaux, tels qu'ils sont nourris maintenant, est nocive, et comment ne pas l'admettre ? on est bien obligé d'avoir le même point de vue sur le lait, la crème, le beurre, les fromages, les œufs. Ce n'est pas parce que la gastronomie en fait un large emploi que cela leur enlève leur nocivité. Les recettes de cuisine sont restées ce qu'elles étaient il y a un siècle ; malheureusement, il n'en est pas de même des ingrédients qu'elles comportent : les laitages, qui, à cette époque, étaient déjà nocifs en raison des purines et du cholestérol qu'ils apportent à l'organisme, le sont beaucoup plus maintenant, du fait de tous les médicaments, vaccins et antibiotiques destinés à augmenter la lactation ou à conserver le lait, et qui se retrouvent dans cet aliment, sans compter les traces de D.D.T. et autres insecticides utilisés en agriculture et que l'animal absorbe avec sa nourriture [5].

Il convient donc, si l'on ne peut s'en abstenir totalement, de réduire au minimum la consommation de ces produits lorsqu'on est invité, et de s'en abstenir complètement chez soi.

F - Légumes cuits

Ils sont généralement sans intérêt au restaurant, où, à part les pommes de terre (dont l'amidon fait double emploi avec celui du pain, et qui, à moins d'être cultivées biologiquement, sont novices par *excès de potasse* dans leur composition), ils sortent le plus souvent d'une boîte de conserve [6].

5. Lire, à ce sujet : *La Terre chauve*, par Maurice Pasquelot, (La Table ronde, édit.), l'un des ouvrages les pus récents sur *les aliments pollués*, et l'un des mieux documentés.

6. Je dois à la vérité de signaler qu'il existe, en France, une chaîne de 84 hôtels et restaurants, généralement situés à distance des grandes routes, dont les propriétaires se sont

Parfois, l'indication « frais » est précisée sur la carte. Mais, dans ce cas, le légume étant presque toujours cuit à l'eau, il a perdu ses vitamines, ses sels minéraux et ses oligo-éléments et ce qu'on vous sert n'est que le squelette du légume c'est-à-dire la cellulose. Il faudra ajouter tout un assaisonnement de beurre, sel, poivre, etc..., pour rendre un tel légume mangeable.

C'est pour ces diverses raisons qu'au début de ce chapitre, j'ai conseillé de faire un large emploi de crudités au début du repas.

engagés à ne pas utiliser de conserves ni de frigo ; les fruits et légumes sont cultivés biologiquement ; ils élèvent leurs volailles au grain et utilisent le plus possible des produits *naturels* et des ressources locales. Cette initiative est à encourager si l'on veut qu'elle s'étende. (Renseignements : Mme Henry-Lepaute, « Les Relais de Campagne » B. P. 231, Paris - 07.)

Annexes

ANNEXE I

LA FARCE DE « L'HOMME OMNIVORE »

Depuis de nombreux siècles, il est d'usage de manger de la viande dans nos régions et l'on ne rompt pas facilement avec un usage millénaire. D'autant moins facilement lorsque cet usage s'appuie sur une notion grossièrement erronée, enseignée dès l'école, sur laquelle, une fois grands, nous n'avons généralement pas l'occasion de revenir pour en contrôler l'exactitude : je veux parler de « l'homme omnivore ».

J'ignore qui a lancé un jour cette bourde. Peut-être était-il président du Syndicat de la Boucherie, ou à la tête de quelque Trust de la Charcuterie... ! Mais en tout cas il porte la responsabilité du formidable développement de ce qu'on est convenu d'appeler les « grands fléaux de la civilisation ».

Cette erreur n'est d'ailleurs pas très ancienne. En effet, en 1801, le grand naturaliste Cuvier, dans ses *Leçons d'Anatomie comparée*, déclarait : « l'Anatomie comparée nous enseigne qu'en toute chose, l'Homme ressemble aux animaux frugivores et en rien aux carnivores... Ce n'est qu'en déguisant la chair morte rendue plus tendre par des préparatifs culinaires qu'elle est susceptible d'être mastiquée et digérée par l'homme, chez qui, de la sorte, la vue des viandes crues et saignantes n'excite pas l'horreur et le dégoût. »

La légende de « l'homme omnivore » est évidemment bien commode pour le commerce alimentaire, puisqu'elle permet de proposer au consommateur, « de tout » comme aliments : aussi bien des fruits que de la viande, des légumes, du poisson, des céréales, des œufs d'oiseaux, du lait de vache, du fromage et jusqu'à des produits chimiques, comme le sucre blanc, la margarine ou les huiles raffinées, sans parler des colorants et arômes de synthèse, ainsi que les conservants multiples ajoutés à ces pseudo-aliments, au cours de la fabrication... Seulement ce sont des substances qui ne lui conviennent pas pour l'excellente raison indiquée par Cuvier : ses organes de nutrition, depuis sa dentition jusqu'à son intestin, en passant par son estomac, son foie et les autres glandes participant à la digestion, sont très exactement ceux d'un animal frugivore et ne possèdent ni les caractéristiques d'un carnassier, ni d'ailleurs celles d'un herbivore.

Une telle affirmation, en raison des controverses qui se sont élevées sur la question, doit être appuyée de preuves scientifiques [1]. Les voici donc :

1. Ce genre de « controverse » est le moyen généralement employé pour mystifier le public en réfutant des faits évidents et connus de longue date, mais qui gênent certains intérêts. On crée de toutes pièces une discussion avec le concours de personnages officiels qui acceptent, pour de

La denture, l'estomac, l'intestin

Si l'on compare la denture, l'estomac et l'intestin des carnassiers, des herbivores et des frugivores, voici les caractéristiques que l'on peut remarquer :

CARNASSIERS : petites incisives ; canines longues et recourbées en forme de crocs, permettant à l'animal de saisir sa proie vivante et de la retenir dans sa gueule ; molaires aiguës et tranchantes avec lesquelles l'animal déchire la chair et broie les os. L'estomac est constitué par une poche très petite, revêtue d'une muqueuse sécrétant un suc gastrique très acide. L'intestin est court (4 à 5 fois la longueur du corps [2], afin d'assurer

l'argent ou pour des « honneurs », d'appuyer de leurs diplômes des arguments mensongers ou d'affirmer *ex cathedra* des contre-vérités qu'ils ne prennent même pas la peine d'étayer de faits scientifiques. A ce moment intervient la presse écrite et parlée, qui monte en épingle ces arguments fallacieux pour complaire aux puissants trusts intéressés qui les font vivre. C'est ainsi qu'on a fait croire au public que le pain blanc est supérieur au pain complet, que les conserves stérilisées contiennent plus de vitamines que les légumes frais, que le sucre de canne roux n'est pas meilleur pour la santé que le sucre de betterave raffiné et additionné de bleu de méthylène, que l'usage des engrais chimiques est sans inconvénients, et que les insecticides ne sont nocifs, ni pour les animaux domestiques, ni pour les humains...

2. Cette mesure s'entend pour l'animal à quatre pattes, de la pointe du museau à la naissance de la queue. Il est

une rapide élimination des déchets devenus toxiques par putréfaction.

Il est à remarquer que les animaux se nourrrissant de poisson ont l'intestin encore plus court, parce que la putréfaction du poisson est plus rapide que celle de la viande.

HERBIVORES : Ils ont, au contraire, de grandes incisives, de petites canines et d'énormes molaires plates, adaptées au broiement et à la trituration complète des herbes et des tiges ; l'estomac ou panse est volumineux, parfois multiple et l'intestin très long permet un séjour prolongé d'aliments dont les déchets sont beaucoup moins toxiques que ceux de la viande (25 fois la longueur du corps).

FRUGIVORES ET GRANIVORES : Ils tiennent le milieu entre les carnassiers et les herbivores : les incisives sont moyennes, les canines courtes, droites et tronconiques ; les molaires sont moyennes et mamelonnées ; en outre, la mâchoire inférieure possède un mouvement latéral permettant aux molaires un travail de meules, pour broyer les grains. L'estomac est d'un volume moyen et les sucs sont moyennement acides. L'intestin est de longueur moyenne (10 à 12 fois la longueur du corps).

Ces caractéristiques correspondent exactement à celles de l'homme. Un homme de 1 m 60 de hauteur

évident que la mesure, pour l'homme, doit être prise de la même façon, c'est-à-dire du sommet de la tête à l'extrémité de la colonne vertébrale et non aux pieds.

mesure 75 cm de l'occiput au coccyx (c'est ainsi que l'on mesure les animaux). Or la longueur moyenne de l'intestin humain est de 7,50 m. Cette longueur est, proportionnellement, double de celle de l'intestin des carnassiers et c'est ce détail anatomique qui explique l'arthritisme (acidification du sang et des humeurs) chez les humains mangeurs de viande : les déchets de viande ont ainsi tout le temps d'abandonner dans l'organisme leurs purines et leurs ptomaïnes ; traversant aussitôt la muqueuse intestinale, ces poisons passent dans la circulation sanguine, au grand dam de tous les organes voisins. Commentant ce mécanisme, le docteur Bertholet précise : « L'intestin est le premier à ressentir les effets pernicieux de l'alimentation carnée : la muqueuse irritée par les poisons provoque un spasme réflexe ou une atonie des muscles lisses et l'entérite chronique, suivie de constipations opiniâtres, s'installe à demeure, indiquant que la fonction normale des organes gastro-intestinaux est grandement perturbée. Le foie est atteint par la suite ; une de ses principales fonctions consiste justement à défendre l'organisme contre l'envahissement des toxines qu'il transforme et détruit en partie ; ce surcroît de travail fatigue à la longue le foie et la maladie s'installe sournoisement [3]. »

Comme on le voit, physiologiquement, l'homme n'est pas un carnassier. Il n'est pas davantage un herbivore,

3. E. Bertholet : *Végétarisme et Spiritualisme* (éd. Génillard, Lausanne).

son estomac et son intestin étant trop petits, les légumes verts n'ont pas le temps, pendant leur parcours, d'être entièrement digérés comme chez les herbivores qui arrivent à digérer même la cellulose qui en constitue la trame.

Il ne faut pas perdre de vue que la valeur nutritive des divers aliments dépend avant tout du pouvoir digestif de l'estomac et de la faculté d'assimilation de l'intestin, beaucoup plus que de la teneur de ces aliments en protéines, en glucides ou en lipides. C'est ainsi que le blé fraîchement moulu, le pain complet, les fruits crus, les amandes et les fruits secs, qui forment la base de l'alimentation saine et auxquels il suffit d'ajouter quelques salades et légumes crus ou cuits à l'étouffée, ont une valeur nutritive beaucoup plus grande et contiennent plus de substances assimilables lorsqu'ils sont convenablement digérés, que le meilleur vin, la plus belle (?) viande, les œufs et les laitages recommandés généralement par le médecin comme des « aliments fortifiants ».

D'après les analyses chimiques, ces derniers aliments contiennent bien les substances dont se compose le corps humain, mais celui-ci ne peut ni les assimiler, ni fixer les sels minéraux comme le calcium, le phosphore, etc... sous cette forme animale, qui n'est pas la forme de nourriture lui convenant. C'est dans le règne végétal, et dans le *règne végétal seul* que l'homme doit chercher sa nourriture, et l'état de maladie dans lequel le plonge toute faute contre cette loi est la meilleure preuve de la réalité de celle-ci.

ANNEXE II

LA CHIMIE ALIMENTAIRE

Voici, à titre documentaire, un aperçu *succinct* [1] de la liste des denrées alimentaires auxquelles l'adjonction de certaines substances chimiques est légalement autorisée par le ministère de l'Agriculture français (la liste officielle et complète ne compte pas moins de 9 pages).

— *Lait concentré ou en poudre* : acide ascorbique.

— *Beurre* : Colorants végétaux (rocou), acide borique.

— *Beurre salé* : nitrate de potassium.

— *Viandes et charcuterie* : nitrate de potassium, bicarbonate de sodium.

— *Crevettes roses* : certains colorants, sulfite de sodium, acide citrique.

— *Confiserie, confiturerie* : acide tartrique, acide

1. Dans *La Terre chauve*, Maurice Pasquelot donne (page 230), une liste complète, d'après le Bulletin n° 6 de la F.A.O, publié sous les auspices du professeur Truhaut, de la faculté de pharmacie de Paris, et de M. R. Souverain, inspecteur divisionnaire du service de la répression des fraudes.

citrique, crème de tartre, acétate d'amyle, arômes inoffensifs, or, argent, aluminium, talc (en surface).

— *Farine panifiable* : phosphate acide de sodium, acide lactique, vinaigre, acide acétique, acétate de calcium.

— *Fruits et légumes verts à conserver dans un liquide* : sulfate de cuivre.

— *Moutarde* : acide tartrique, acide citrique, anhydride sulfureux.

— *Café* : vaseline (pour l'enrobage des grains).

— *Thé vert* : plâtre, talc, indigo, curcuma.

— *Tous fruits secs* : anhydride sulfureux.

— *Vins et vins de liqueur* : anhydride sulfureux, acide citrique, sulfate de potasse.

— *Eau-de-vie kirschée fantaisie* : aldéhyde benzoïque.

Quelle ménagère, en faisant son marché, se doute de l'arsenal chimique qu'elle transporte ?

(Extrait de : *France-Observateur*, 5.7.56).

D'autre part, certaines substances chimiques, légalement interdites, bénéficient d'une tolérance de fait, pour des raisons diverses, qui n'ont naturellement rien à voir avec des questions de valeur alimentaire. C'est le cas du *diacétyle*, qui aromatise les margarines, et dont l'absence de nocivité est loin d'être établie, en particulier quand il est d'origine synthétique.

En outre, les aliments contiennent souvent des substances chimiques très toxiques, que l'on n'y ajoute pas intentionnellement pour en favoriser la commercialisation, mais qui constituent des résidus de traitements antérieurs effectués dans un but qui n'a pas de rapport direct avec la valeur alimentaire. C'est le cas des résidus de pesticides employés pour protéger les récoltes contre les parasites de toutes sortes.

Ils contiennent quelquefois aussi des substances accidentellement cédées par des récipients lors de leur préparation ou de leur conservation (aluminium, plomb, etc.)

En général, les substances chimiques présentes dans les aliments, le sont en quantités minimes. Mais comme tous les aliments absorbés dans la journée en contiennent, ces quantités s'additionnent, de telle sorte que l'alimentation quotidienne de l'homme moderne lui apporte chaque jour des doses pondérables de substances dont l'absence relative de toxicité n'est jamais formellement démontrée.

Certes, la législation actuelle a interdit l'emploi dans l'alimentation de certaines substances qui, autrefois communément employées, ont, par exemple, été reconnues fortement cancérogènes. Mais il apparaît régulièrement que des substances que l'on considérait comme sans toxicité, sont capables, si elles sont régulièrement absorbées, de provoquer dans l'organisme des troubles graves, pouvant aller jusqu'à la folie ou au cancer.

Cette constatation a ému de nombreux savants, qui ont publié des études sur la nocivité des substances chimiques présentes dans les aliments et qui réclament, au nom de la protection de la santé publique, leur interdiction. En attendant que le problème des substances chimiques dans les aliments soit définitivement résolu sur le plan national et mondial, le particulier ne peut espérer se protéger qu'en se renseignant sur la question, et en évitant de consommer des aliments qui risquent de l'empoisonner à petit feu...

Nous allons passer en revue les principales catégories de substances chimiques que l'on trouve dans les aliments usuels, et les dangers qu'elles présentent pour le consommateur.

A - Les colorants

Les *Annales pharmaceutiques françaises* (janvier et février 1955) ont publié *in extenso* une communication du professeur René Truhaut à l'Académie de pharmacie, dans laquelle sont exposées des notions nouvelles sur le danger de certains colorants admis par la législation française, tant dans l'industrie alimentaire que dans le domaine des médicaments, des produits de beauté ou d'hygiène générale. Voici un résumé de cette communication.

Les innombrables travaux portant sur les modalités d'action des colorants cancérogènes ont permis d'établir des notions dont les principales sont :

1. *Importance de l'espèce.*

La sensibilité aux colorants cancérogènes varie considérablement avec les espèces animales. Pour ne citer qu'un exemple, le p-diméthylaminoazobenzène, producteur d'hépatomes chez le rat, est pratiquement dépourvu d'effets chez la souris.

Ce fait doit inciter les expérimentateurs à la plus grande prudence dans l'extrapolation à l'homme des résultats observés chez l'animal.

2. *Les doses actives. La sommation des effets.*

Il est à souligner que : « Dans le cas de composés cancérogènes hautement actifs, tels que les hydrocarbures polycycliques (benzo 3-4-pyrène, méthyl-chloranthrène...), les quantités limites susceptibles de provoquer la cancérisation sont extrêmement minimes, atteignant parfois le millième de milligramme. » (Schear, 1938, *Am. J. Cancer*, 33 p. 499-537 ; Roussy et Guérin, 1942, *Bull. Assoc. franç. Et. Cancer*, 30, p. 66-73.)

« On conçoit sans peine l'intérêt de cette notion. Mais il en est une autre, peut-être plus importante : celle de la *sommation des effets*. Elle a été établie par les recherches de Druckrey et Küpfmüller (*Z. Naturfoschg.*, 1948, 3 b, p. 254. Cf. également : *Dosis und Wirkung*, éd. Cantor Aulendorf (Würt, 1949) sur l'activité cancérigène du diméthylaminoazobenzène (P.D.A.A.) chez le rat en fonction de la dose. » Ces auteurs ont administré l'azoïque dans la nourriture à des doses journalières, maintenues constantes pendant toute la durée de l'expérimentation, mais variables pour chaque lot d'animaux. Ils ont vu que, comme on pouvait s'y attendre : « le délai d'apparition en jours (t) des hépatomes dans chaque lot était d'autant plus court que la dose journalière (d) était plus forte ; mais aussi que la dose totale (dt) nécessaire pour faire apparaître les tumeurs hépatiques était pratiquement constante (de l'ordre de 1 000 mg par rat avec la souche utilisée) pour des durées d'expérience allant de 32 à 700 jours... »

On est ainsi conduit à admettre cette notion, *a priori paradoxale*, que *les effets de chaque dose isolée s'ajoutent, sans aucune perte, pendant toute la vie, quel que soit le jeu des éliminations.* Il y aurait sommation totale d'effets absolument irréversible.

3. *Action à retardement.*

Dans les expériences dont nous venons d'exposer les résultats, l'administration du colorant cancérogène était prolongée jusqu'à l'apparition des tumeurs. Il était intéressant de continuer à suivre les animaux chez lesquels l'arrêt de l'absorption du produit était intervenu avant cette apparition.

« Dans ce but, Druckrey et ses collaborateurs ont soumis des lots de rats âgés de 100 jours à l'administration de 5 mg par jour de p-diméthylaminoazobenzène, continuée jusqu'à réalisation de doses totales de 200, 300, 500, 700 et 1.000 mg. L'observation ultérieure des animaux permit de constater l'apparition d'hépatomes à retardement, le délai d'apparition après l'arrêt du traitement, dit temps de latence, étant d'autant plus élevé et le pourcentage des tumeurs d'autant plus faible que la dose totale administrée était plus basse... »

Commentant ces résultats, Druckrey (*Oncologia*, 1954, 7, p. 155-177) pense qu'ils traduisent deux processus successifs :

a) *Un processus causal*, représentant l'action immédiate et irréversible de l'agent cancérogène sur la cellule ;

b) *Un processus conditionnel*, représentant la matérialisation, à plus ou moins longue échéance, de l'action cancérogène sur la cellule et dépendant, dans une large mesure, du terrain. »

L'auteur précise que le temps maximum de latence observé dans ses expériences était de 800 jours, ce qui correspond à environ soixante-dix années chez l'homme. Il en tire toute une série de conclusions ayant un grand intérêt biologique.

Sur le plan pratique, elles ne sont pas moins importantes, car il faut savoir que, comme avec les autres agents chimiques cancérogènes, le redoutable effet des colorants actifs peut se manifester longtemps après la suppression de l'exposition nocive. Il en résulte que pour pouvoir tirer des conclusions sur la nocivité éventuelle d'un colorant, l'expérimentation doit être prolongée pendant un très long temps.

« C'est la raison pour laquelle on ne peut tenir

compte des résultats négatifs obtenus dans le passé par certains auteurs, en particulier ceux de Cazeneuve et Lépine (*C.R. Ac. Sc.*, 1885, 101, p. 823-826 et 1011-1113), avec les sulfoconjugués sodiques de la roccelline et de la fuschine, le rouge pourpre, le rouge bordeaux B, le ponceau R, l'orange I, le jaune naphtol S et le jaune solide, par ingestion ou par injection chez le chien, le porc et même l'homme sain ou malade ; ceux de Sartori (*Moleschott's Untersuchungen*, 1885, 15, p. 54), avec le violet acide 6 B par ingestion chez le chien, ainsi que ceux de Wevl (*The Coaltar Colors*, 1892, cité par Hartwell J.L., 30 bis, p. 552), avec le rouge naphtion, le ponceau 4 G B, le m-nitrophényloza. B-naphtol, l'orange II, le bleu azoïque, le brun rapide G, le brun Bismarck, le noir de naphtol P, administrés chacun à un seul chien dont l'observation n'a jamais été poursuivie plus de 45 jours. »

4. *Influence du régime.*

« Dans le cas des cancers chimiques, l'exemple le plus typique de l'influence que peut exercer le régime alimentaire est précisément celui des cancers du foie produits par les colorants azoïques (o-aminoazotoluène et p-diméthylaminoazobenzène). Ces cancers s'obtiennent plus régulièrement et plus rapidement lorsque les animaux sont nourris avec du riz que lorsqu'ils sont nourris avec du blé. Cette remarque explique peut-être que les premières découvertes dans ce domaine soient dues à des chercheurs japonais. Il paraît bien s'agir d'effets de carence. »

D'autres faits importants ont été révélés par les expériences de Tannenbaum, Stamer, Opie, Miller, Kline, Silverstone, Engel, etc., mettant en évidence l'influence du régime alimentaire sur l'action des facteurs cancérogènes.

« a) L'adjonction de protéines (levure, foie, caséine, gluten) et aussi de vitamines du groupe B (particulièrement B2) exerce un effet inhibiteur.

« Il en est de même des régimes pauvres en calories.

« b) En sens inverse, la carence en protéines, l'excès de certaines vitamines [2], en particulier B6 et biotine, l'enrichissement enfin du régime en lipides et spécialement en graisses riches en acides gras polyéthuléniques, même avec une teneur suffisante en protéines auraient une action favorisante...

« Ces résultats sont d'un très grand intérêt, car ils montrent que, suivant sa composition, un régime peut inhiber ou au contraire favoriser l'action d'un cancérogène chimique.

« Il est donc capital de préciser le régime utilisé dans l'expérimentation d'un colorant et d'effectuer une expérimentation témoin avec un cancérogène de référence. »

2. Il s'agit, évidemment, de vitamines de synthèse (N.D.L.R.).

B - La question des nitrites

Jusqu'ici, la loi autorisait les charcutiers à employer le nitrate de potassium à condition de ne pas dépasser la concentration de 10 %. Outre une action conservatrice, le nitrate a l'avantage de provoquer une jolie coloration rosée de la viande. Or, on s'est aperçu que cette coloration engageante était due à la transformation des nitrates en *nitrites*, lesquels ont une action nocive bien connue, puisqu'ils provoquent des phénomènes d'asphyxie.

Le problème se pose en général de la manière suivante : la vente d'une denrée alimentaire est favorisée par une coloration qui lui donne un aspect plus flatteur et plus appétissant. Le sucre se vend mieux s'il est plus blanc, la margarine si elle est plus jaune, la viande si elle est plus rouge, etc...

Le consommateur ne se demande pas pourquoi il achète le produit coloré, mais le fait est qu'il le préfère. C'est pourquoi la coloration est entrée dans la pratique courante.

Mais on s'est aperçu que certains colorants pouvaient être dangereusement toxiques.

Certaines substances étant reconnues comme toxiques, et d'autres considérées comme non toxiques, la coloration des aliments est réglementée par la loi, sous le contrôle des services de la Répression des Fraudes. Car le consommateur est incapable de déceler lui-même la toxicité d'un colorant dont il ne soupçonne généralement même pas la présence, et dont l'effet est à retardement.

C - Les conservants

Il arrive que des additions chimiques aux aliments soient faites dans d'autres buts que la coloration. C'est le cas particulier pour les produits conservants. Un exemple typique est celui de l'*acide borique*. Autorisé, ou tout au moins toléré dans le beurre, le lait, la viande et le fromage à des doses pouvant aller jusqu'à 20 ‰ (vingt pour mille) avant la circulaire ministérielle n° 167, du 10 septembre 1954, il est maintenant interdit, comme d'ailleurs tout autre antiseptique destiné à empêcher le rancissement des corps gras.

Cette circulaire a en même temps entraîné le remplacement du diacétyle chimique, dans l'aromatisation des beurres et margarines, par des diacétyles de fermentation levurienne.

Tout ceci serait très bien si la circulaire était appliquée... Mais de très gros intérêts sont en jeu. Aussi une « tolérance de 5 ‰ (cinq pour mille) a-t-elle été accordée *provisoirement*, en raison du fait que cette dose est autorisée dans certains pays. Cette tolérance subsistera, tout au moins, tant que le gouvernement, pour lutter contre la hausse des prix de ces produits, continuera à importer du beurre de Danemark et de

Hollande... pays où l'addition d'acide borique est autorisée.

Dans un important travail sur la question, le docteur Edmond Grasset a montré que le borate de soude, ou l'acide borique, absorbés à doses massives ou à petites doses continuellement répétées, ce qui est exactement le cas des personnes qui mangent du beurre, du fromage ou boivent du lait tous les jours, peuvent être la cause d'empoisonnement brutal ou lent. Le signe clinique le plus fréquent est une dermite eczémateuse.

D'autre part, voici quelques précisions extraites du *Recueil des travaux du Conseil supérieur d'Hygiène de France :*

Il faut savoir que le bore s'élimine très difficilement de l'organisme et tend, par conséquent à s'y accumuler. A partir de doses allant de 0,45 à 4 g suivant les sujets, le taux de coagulation du sang est perturbé : le sang coagulant mal, il peut se produire des hémorragies de capillaires, avec abaissement de la tension artérielle et, parfois, début de diabète. Mais les troubles les plus courants sont les œdèmes des muqueuses de la bouche, du nez et parfois des yeux — et aussi des membres.

Ceci est facile à comprendre lorsqu'on calcule qu'à la dose de 5 ‰ (tolérée par le Service des Fraudes), une consommation de beurre de 40 g par jour, donne une dose de 0,20 g par jour d'acide borique, de telle sorte que, faute d'élimination rapide, l'accumulation dans l'organisme dépasse, en quelques mois, la dose toxique chez un adulte en bonne santé, plus tôt chez les enfants, les vieillards, les débiles, le seuil dépendant en grande partie de la susceptibilité de chacun.

Certains conserveurs utilisent le *gaz sulfureux*, bien connu de tous, surtout depuis qu'il souille dangereusement l'atmosphère des villes industrielles. Employé depuis assez longtemps dans la fabrication frauduleuse de vins blancs à partir de vins rouges, rosés, ou officiellement à faibles doses, dans la destruction de levures anormales, de moisissures et de microbes, indiscutablement, il est un microbicide puissant ; mais il a une odeur bien connue qui gêne. Il provoque les larmes et la toux. Il suffoque parce qu'il irrite la gorge et les poumons jusqu'à les « corroder ». Il donne mauvais goût aux boissons et aux aliments ; il tend à en modifier la couleur pour le moins ce qui est souvent déplaisant. Il y a encore plus grave contre lui. En effet, il détruit les vitamines, les biocatalyseurs, il déplace et libère des acides organiques, car sa force d'acidité n'est pas négligeable et même rompt des équilibres cellulaires. Cela explique en partie pourquoi il irrite l'estomac et tout l'appareil digestif.

S'il détruit la couleur, s'il produit une sensation de brûlure, c'est que le gaz sulfureux dérobe de l'oxygène aux constituants des cellules qu'il décompose pour se transformer par exemple en un acide sulfurique plus énergique et que le public appelle le *vitriol*. Devant tant de défauts, les diététiciens qui luttent avec courage contre l'invasion chimique en cuisine, qui veulent toujours conserver aux aliments le plus possible de vitamines et de biocatalyseurs, déconseillent formellement l'emploi de ce gaz, même à très faibles doses.

Le principe même de la conservation des denrées par additifs chimiques, a été mis en cause par M. P. Naviller, docteur en pharmacie, dans un exposé au congrès de juin 1956, dont voici quelques extraits : « Nous considérons plutôt les produits chimiques définis qui, ajoutés en petite quantité à un aliment, en empêchent l'altération, ou même l'interrompent. A notre avis, toutes ces additions, quelles qu'elles soient, sont néfastes, constituent des pis-aller, voire des primes à la négligence. Certes, elles permettent d'économiser de l'argent, de travailler avec plus de facilité des denrées fragiles, d'apporter des solutions pour sauvegarder des stocks alors que les autres moyens manquent : ce sont là des excuses pour le présent, et non des arguments valables pour l'avenir. Fait très grave, certaines additions apportent des satisfactions appréciées par la clientèle qui en ignore les dangers : vins qui ne troublent pas, qui ne se piquent pas, même en vidange.

« Il faut observer que, à part la conservation par fumaison qui met en jeu des dérivés phénoliques associés à la dessiccation, les substances traditionnellement utilisées pour conserver les aliments sont elles-mêmes des denrées alimentaires, sans doute peu sensibles aux attaques microbiennes dans les conditions d'utilisation mais parfaitement assimilables par notre organisme après consommation.

« En revanche, l'emploi de l'antiseptique d'addition

rejoint, dans son principe, celui des pesticides : empêcher la vie du microbe, ou même le tuer, sans nuire à la santé du consommateur qui consomme le produit.

« En fait, seuls répondent à cet idéal les antiseptiques qui peuvent être éliminés ou détruits avant la consommation, comme l'anhydride carbonique sous pression, utilisé pour conserver les jus de fruits par le procédé Boehi. L'anhydride sulfureux et les sulfites, dont l'emploi est du reste autorisé par la législation française dans les vins, les fruits secs, etc., et, hélas ! certains jus de fruits, sont nettement moins satisfaisants. Si l'odeur suffocante de l'anhydride sulfureux en limite l'emploi, ce produit peut néanmoins dénaturer complètement le bouquet d'un vin, puisqu'il peut en subsister 450 mg au litre. Dans les fruits secs, l'anhydride sulfureux est éliminé par la cuisson, mais les fruits secs ne sont pas toujours consommés cuits. L'emploi des sulfites pour donner aux viandes rouges une apparence de fraîcheur est à juste titre prohibé.

« Si la toxicité de faibles doses d'anhydride sulfureux est encore discutée, il est démontré qu'il inactive la vitamine B1 (aneurine), et diminue d'autant la valeur des aliments ainsi traités. »

Et comment un antiseptique actif vis-à-vis des micro-organismes serait-il inoffensif pour l'homme ? Il agit sur le germe indésirable en inhibant certaines de ses fonctions vitales : par exemple les fluorures s'opposent à l'action des phosphatases, aussi bien chez les microbes que chez l'homme. Il n'est pas admissible d'affirmer qu'un produit est inoffensif pour l'homme sous le seul prétexte que son mode de nocivité est inconnu.

Il ne faut d'ailleurs pas perdre de vue que l'organisme humain est un édifice composé de cellules qui sont autant de petits êtres vivants microscopiques.

D - Les pesticides

Un danger encore plus général et immédiat est constitué par la persistance, dans de nombreux aliments de provenance végétale ou animale, de résidus de produits chimiques employés pour lutter contre certains parasites ou certaines maladies.

L'exposé du professeur Truhaut, de la Faculté de Pharmacie de Paris, au Symposium de Côme, est instructif et alarmant.

« L'idéal, déclare-t-il, serait de posséder des produits dont la toxicité intéresserait *seulement* les parasites ou les ravageurs à détruire.

« Les insecticides organo-halogénés (D.D.T. — H.C.H.) portent leur action aussi bien chez les mammifères que chez les insectes. Les produits utilisés comme pesticides ont un champ d'action très étendu ; leur toxicité peut se manifester non seulement vis-à-vis des parasites, mais encore vis-à-vis des animaux domestiques et surtout vis-à-vis de l'homme.

« Les risques de nocivité pouvant en résulter pour le consommateur sont la conséquence de la persistance des produits entraînant la présence de résidus toxiques dans les végétaux traités ou leurs produits de transformation. »

En France, les fruits et légumes sont classés en quatre catégories selon la généralisation des traitements effectués :

1. Fruits et légumes faisant l'objet de *traitements tardifs* : raisins, pommes, poires, céleris, tomates...
2. Fruits et légumes faisant l'objet de *traitements fréquents* : agrumes, pêches, asperges, artichauts, choux-fleurs, endives, melons, cresson, salade...
3. Fruits et légumes faisant l'objet de *traitements assez fréquents* : abricots, prunes, fraises...
4. Fruits et légumes faisant l'objet de *traitements occasionnels* : cerises, olives, choux, haricots, pois, laitues...

Les traitements qui paraissent les plus susceptibles de laisser des résidus sont ceux contre les pucerons, contre les acariens, contre la mouche de la cerise, contre le ver de la grappe.

Les pesticides sont classés en trois grands groupes :

— les pesticides gazeux ou fumigants ;
— les pesticides liquides ou solides non fumigants ;
— les pesticides du groupe très spécial des systémiques.

1. Dans le cas des fumigants, si leur volatilité conditionne le plus souvent leur élimination rapide des végétaux (exemple de la nicotine), des phéno-

mènes de solubilité peuvent intervenir pour assurer une longue rétention. C'est ainsi que l'acide *cyanhydrique* est soluble dans les liquides aqueux, cependant que le *bromure de méthyle* et le *sulfure de carbone* se dissolvent dans les lipides et les huiles essentielles, ce qui contre-indique leur emploi dans le cas des fruits ou graines riches en lipides ou en huiles essentielles (agrumes).

2. Dans le cadre des pesticides liquides ou solides non fumigants, leur emploi conduit le plus souvent au dépôt, sur la surface des végétaux, d'un film résiduel d'autant plus persistant que les substances sont moins volatiles, moins solubles dans l'eau, donc moins susceptibles d'être éliminées par les pluies ; plus résistantes aux actions chimiques diverses (oxydation, etc.).

Dans certains cas, la forme particulière du végétal permet une très longue rétention : par exemple les artichauts dont les bractées imbriquées peuvent emprisonner une quantité relativement importante de toxique.

3. Mais le groupe le plus dangereux est celui des composés se rattachant à la classe des *systémiques* (transportés par le système vasculaire). Parmi ces produits, citons entre autres : le *déméton* ou *systox*, le *déméton-méthyl* ou CMPA ou certains carbamates, qui peuvent en effet pénétrer dans l'organisme végétal au niveau de l'épiderme des feuilles, des tiges ou des racines et parvenir ainsi *dans la sève*. Il est facile de concevoir les risques qui peuvent en résulter, pour

le consommateur de végétaux traités très près de la récolte, avec de tels produits. »

C'est ainsi qu'en France, en 1955, un certain nombre d'accidents ont été observés à la suite de la consommation de fruits (pêches en particulier) ou de légumes (tomates, haricots, melons) traités, en infraction aux prescriptions légales, par des produits tels que le déméton (systox).

Il en est résulté des désordres gastro-intestinaux (nausées, vomissements, diarrhée, douleurs abdominales) qui ont motivé de la part des consommateurs et du corps médical, des réclamations auprès des pouvoirs publics.

Divers dérivés fluorés, en particulier le *fluosilicate de baryum*, sont parfois utilisés contre les parasites des arbres à fruits et des cultures maraîchères. Or, si de tels dérivés ne peuvent entraîner chez l'homme d'intoxication aiguë grave qu'à partir d'une dose dépassant le gramme, il suffit de doses journalières de quelques centigrammes pour provoquer *à la longue*, par suite de la rétention du fluor (en raison de sa fixation sur les tissus calcifiés), des lésions dentaires et osseuses, ainsi que des phénomènes de cachexie caractéristique des fluoroses.

Parmi les insecticides organiques, une grande attention a été portée au groupe des organo-halogénés, en raison de leur liposolubilité, qui conditionne une longue rétention dans l'organisme. L'absorption répétée de petites quantités (jusqu'à des concentrations aussi basses que 5 à 10 mg/kg) de D.D.T. ou d'H.C.H. peut être à l'origine de lésions hépatiques chez le rat, d'après Ortéga, Hayes. Il faut se souvenir que ces dérivés organo-halogénés sont des poisons du système nerveux.

Dans le cas du *lindane*, Dormal a retrouvé 1,7 mg/kg dans les tubercules de pommes de terre cultivées sur sols traités par cet insecticide.

Dans celui de l'*aldrine*, l'absorption prolongée d'un régime renfermant de faibles doses est susceptible de provoquer chez le rat une diminution du métabolisme basal.

En ce qui concerne le *parathion* et ses congénères, l'intoxication chronique est la conséquence de la diminution du taux des enzymes, qui n'auraient pas eu le temps de se régénérer entre deux ingestions.

Le groupe des *organo-phosphatés*, bien plus dangereux que le *parathion* du point de vue de la toxicité à long terme, comprend ceux qui, possédant une activité endothérapique, persistent dans l'intimité des tissus végétaux. Les recherches effectuées ont montré que le produit pouvait se concentrer dans les fruits, quelque temps après le traitement.

Un risque redoutable de toxicité à long terme est à examiner avec l'éventualité de la manifestation d'*effets cancérogènes.*

L'action cancérogène des *dérivés minéraux de l'arsenic* a été suspectée. D'après Hueper, la grande majorité des cas de cancers arsenicaux sont des cancers cutanés, imputables à un usage prolongé par voie interne de médications arsenicales. L'action cancérogène de l'arsenic peut se manifester non seulement au niveau de la peau qui constitue une voie d'élimination du métalloïde, mais encore au niveau d'autres organes, en particulier du poumon.

Parmi les dérivés minéraux insecticides pouvant provoquer l'apparition du cancer, citons ceux du sélénium, utilisé comme acaricide.

En 1947, les observations de Nelson et Fitzhugh les ont conduits à admettre que le D.D.T. possédait une légère action tumorigène.

Aux Etats-Unis, la *Food and Drug Administration* a décidé de fixer le taux maximum tolérable d'un nouvel acaricide à 1 mg/kg.

En France, la Commission chargée de l'étude de l'emploi des toxiques a émis le vœu qu'il convenait d'*en interdire l'emploi.*

En 1954, le Symposium sur la prévention du cancer avait formulé les observations suivantes :

« Vu la possibilité de contamination des aliments par les résidus pesticides et autres substances étrangères servant à traiter, dans des buts divers, les aliments ou végétaux comestibles ;

« Vu l'action cancérogène, chez l'animal, de certaines de ces substances avec l'apparition de tumeurs ;

« Vu les difficultés de la mise en évidence de l'éventualité d'effets cancérogènes, chez l'homme, de tels produits, ils doivent être soumis aux mêmes critères toxicologiques que ceux recommandés par l'évaluation toxicologique des autres substances étrangères dans les aliments.

« Une attention particulière doit être accordée par les autorités sanitaires aux pesticides renfermant de l'arsenic.

« Des recherches doivent être entreprises sur les " risques potentiels " d'une consommation prolongée de résidus des pesticides dans les aliments. »

D'après Kotin, les hydrocarbures volatils constituant les essences de pétrole pourraient favoriser l'action cancérogène pulmonaire des suies industrielles.

Risques résultant de la présence de résidus toxiques dans les produits de transformation.

La présence d'arsenic dans les vins fabriqués à partir de raisins traités aux arséniates a préoccupé les toxicologues. C'est pour cette raison que la législation française a interdit l'emploi de l'arséniate de sodium pour les traitements des tordeuses de la grappe.

Parmi les risques de souillure des huiles comestibles, figure le *parathion* utilisé contre la mouche de l'olive. L'entomologiste Féron, en mission à Corfou, a prélevé des échantillons d'huile qui ont fourni à l'analyse des teneurs en parathion, en moyenne de 5 mg/kg mais pouvant aller jusqu'à 10 mg/kg.

Le D.D.T. et ses congénères organo-halogénés s'éliminent partiellement *dans le lait* des vaches consommant des fourrages traités avec ces pesticides. Leur liposolubilité fait qu'ils se retrouvent *concentrés dans le beurre.*

Le D.D.T. peut s'accumuler dans les œufs de poules nourries avec des luzernes traitées.

Phénomènes de toxicité indirecte.

La valeur nutritive d'aliments traités est parfois altérée et leur consommation peut être à l'origine de carences au moins partielles.

Dans le cas de substances étrangères présentes dans les aliments, il faut penser à l'éventualité de modifications dans l'utilisation digestive de ces derniers. Il en est ainsi d'une irritation de la muqueuse intestinale provoquée par la substance étrangère, de la modification de la flore intestinale ; ce dernier effet peut être sensible lorsque la substance étrangère est un *antibiotique.*

La solution idéale est évidemment d'interdire l'emploi de ces produits toxiques. La législation française les a inscrits au *tableau A* des substances vénéneuses.

L'emploi de tels produits peut être limité à certaines plantes, et interdit pour les produits végétaux consommés couramment par l'homme, comme par exemple les cultures maraîchères. C'est ce qui a été édicté pour les produits tels que le *Déméton.*

La *conclusion* demandant que ce produit soit *retiré du commerce a été adoptée et transmise au ministère de l'Agriculture.*

Toutes les recommandations qui précèdent sont excellentes, *mais les utilisateurs sont loin de toujours suivre les prescriptions légales*, traitant souvent trop près de la récolte, d'autant que l'application d'agents chimiques n'est efficace que si elle est pratiquée dans les semaines ou *même les jours précédant la maturité.* Ils ne devraient pas se désintéresser des dangers qui en découlent car ils sont également consommateurs.

*
* *

Voici, extraits d'un tract édité par la « *Lee Foundation for Nutritional Research* », de Milwaukee, Wisconsin, quelques passages d'un article du docteur Morton S. Biskind, M.D., sur « Les répercussions de l'emploi des nouveaux insecticides sur la santé publique. »

« Depuis la dernière guerre, on observe l'incidence de plus en plus fréquente de certains syndromes maladifs : des altérations de l'état général accompagnées d'une série de symptômes telle qu'il n'en a jamais été constaté auparavant, se présentent couramment. Le fait que l'homme et tous ses animaux domestiques sont atteints simultanément représente une circonstance fort significative de cette maladie. Chez l'homme, la poliomyélite connaît une forte poussée épidémiologique ; les maladies cardiaques, le cancer, la pneumonie — surtout chez les nourrissons et les jeunes enfants — affectent un nombre croissant de personnes ; on observe des états maladifs entraînant une fatigabilité excessive, une faiblesse musculaire, des maladies du foie, des troubles intestinaux et nerveux d'origine obscure, attribués souvent à l'action d'un nouveau virus, appelé couramment le « Virus X ».

« En 1945, le D.D.T. fut mis à la libre disposition du public aux U.S.A. et dans d'autres pays. Cette mesure était en contradiction avec l'avis de certains chercheurs qui avaient trouvé cette substance *dangereuse pour toutes les formes de vie.* Peu de temps après son introduction comme insecticide, on constata que, chez les insectes, se développaient des souches résistantes. Cette observation déclencha une recherche frénétique d'insecticides encore plus puissants, et bientôt apparurent le chlordrane, le toxaphène, le benzène hexachloride, le lindane, l'heptachlore et les produits aldrine et dieldrine hautement toxiques. En outre, les composés organiques du phospore (proches parents des « gaz neurotropes » de la guerre chimique) firent leur apparition sur le marché, sous les noms de parathion, TEPP, HETP et autres. Toutes ces combinaisons sont meurtrières pour l'homme, même à doses infimes.

« En 1950, plus de 200 millions de livres d'insecticides furent utilisées, d'un produit contenant 6 p.p.m. seulement de D.D.T. d'une part, et l'évaluation du taux considérable que cette substance est susceptible d'atteindre dans la nourriture à certaines occasions, d'autre part, font penser que très probablement le pouvoir nocif du D.D.T. a été sous-estimé. »

En 1951, le ministère de la Santé publique des Etats-Unis déclara que :

« Le D.D.T. est un poison à effet retardé. Vu qu'il

s'accumule dans les tissus du corps humain, particulièrement chez les femmes, l'inhalation ou l'ingestion répétée du D.D.T. représente pour la santé un danger indubitable. Son action délétère se manifeste surtout dans le foie, la rate, les reins et la moelle épinière. Le D.D.T. est excrété dans le lait des vaches et des femmes qui allaitent, lorsqu'elles ont été exposées à des vapeurs de D.D.T. ou lorsqu'elles ont absorbé une nourriture contaminée par cette substance. Les enfants, et surtout ceux du premier âge, sont encore bien plus sensibles que les adultes à son action toxique.

« Lorsqu'en 1954, le D.D.T. fut mis à la disposition de tout le monde, des expériences faites sur des animaux avaient déjà démontré d'une manière indubitable que cette substance produisait des altérations dégénératives dans le derme, le foie, la vésicule biliaire, les poumons, les reins, la rate, la thyroïde, les glandes surrénales, les ovaires, les testicules, le myocarde, les vaisseaux sanguins, les muscles striés, le cerveau et la moelle épinière, l'appareil gastro-intestinal et le sang.

« Ainsi prévenus, les experts n'auraient pas dû être surpris de voir se produire les événements catastrophiques consécutifs à la plus intense campagne d'empoisonnement des masses connue dans l'histoire de l'humanité. Or, au lieu de reconnaître une relation de cause à effet si évidente que, dans n'importe quel autre domaine de la biologie, on n'eût pas hésité à l'accepter, en réalité toute l'organisation de l'information s'est consacrée à nier, dissimuler, supprimer, fausser et tenter de convertir en son contraire cette évidence flagrante. Dans cette campagne, on n'a pas reculé devant les méthodes de la diffamation, de la calomnie et du boycottage économique.

« A partir de 1946, la fréquence de la poliomyélite a plus que doublé... Depuis ce temps, contrairement aux observations antérieures, cette maladie a conservé, d'une année sur l'autre, le caractère d'une épidémie. Elle affecte maintenant beaucoup plus d'adultes que jadis. Dans les Philippines et ailleurs dans l'Extrême-Orient, les troupes américaines qui utilisaient d'énormes quantités de D.D.T. comme insecticides présentaient un nombre élevé de cas de poliomyélite, alors que dans la population indigène du pays, les cas étaient extrêmement rares. En Israël, où l'application du D.D.T. ne s'était pas encore généralisée à cette époque, on n'enregistrait qu'un ou deux cas de poliomyélite par mois : mais en 1950 on en enregistrait 1 600, soit plus d'un cas sur 1 000 habitants.

« Les affections cardiaques aussi se sont multipliées depuis 1945 dans des proportions alarmantes. L'Administration fédérale des aliments et drogues a rapporté que le D.D.T. produit une " irritabilité excessive du muscle cardiaque " qui cause une pulsation arythmique des fibres musculaires des ventricules, circonstance sérieuse et souvent fatale.

« Tout le monde aux Etats-Unis se trouve maintenant exposé à l'action de ce groupe de substances, et il apparaît que peu de personnes seulement échappent à l'accumulation de ces toxiques dans leur tissu adipeux. On a constaté la présence de D.D.T. dans la graisse chez presque toutes les personnes examinées, à peu d'exceptions près. Il a été trouvé dans le lait maternel. On a constaté que le faible taux de 3 p.p.m. est préjudiciable, mais dans la graisse des commerçants en D.D.T. l'analyse a révélé un taux de 291 p.p.m. Chez un groupe de volontaires venant de diverses régions éloignées des Etats-Unis, la concentration moyenne était de 6,41 p.p.m. avec un maximum de 68 p.p.m.

« A.D. Picket en Nouvelle-Ecosse et Paul de Bach en Californie, ont tous deux rapporté que l'utilisation de poisons comme le D.D.T. dans les vergers, perpétue en réalité la prolifération des parasites, en développant chez eux une résistance contre les insecticides tout en détruisant leurs ennemis naturels : " Rien ne saurait mieux illustrer l'échec du traitement chimique que la circonstance que — après sept ou huit années de la campagne la plus agressive que l'on puisse imaginer des produits toxiques — toute la région productrice de céréales aux Etats-Unis était recouverte, en 1953, d'une couche de vermine qui anéantissait les récoltes de blé sur de vastes régions fertiles... " L'U.S.D.A. avouait qu'il était inutile de poursuivre les applications de produits chimiques ; mais en même temps ce même service mettait en libre circulation la super-toxique " dieldrine " destinée à la lutte contre ces vers [3] ! »

3. Le lecteur intéressé par ces questions trouvera une très importante documentaion dans *La Terre chauve* de Maurice Pasquelot (La Table Ronde, éd.).

ANNEXE III

COMPLOT CONTRE L'HOMME

A - L'aliment de l'homme

Pour comprendre le rôle du blé dans la nutrition de l'homme, il faut connaître sa structure et sa composition.

Il faut savoir que, depuis le *germe*, qui est son centre vital, jusqu'à *l'enveloppe extérieure*, qui lui sert d'épiderme, toutes les couches de cellules qui constituent sa matière, représentent des éléments propres à la totalité des besoins de notre organisme.

De même que le jaune d'œuf de poule contient tous les éléments nécessaires à la nutrition de l'embryon de poussin avant son éclosion, de même le grain de blé renferme les principales substances entrant dans la composition de notre corps, dans les proportions où elles lui sont nécessaires et sous la forme la plus propre à cette utilisation.

En effet, non seulement le blé présente à l'analyse de fortes proportions de potasse, soude, chaux, magnésie, phosphore, soufre, silice et chlore, mais il renferme aussi, en combinaison, de l'oxygène, de l'hydrogène et de l'azote, les trois gaz qui entrent dans la composition de toutes les matières organiques. Il contient enfin une très grande quantité de sels précieux, tels que le fluor, l'iode, le zinc, le cuivre, le cobalt, le fer, le manganèse, le nickel, qui jouent un rôle des plus importants dans les phénomènes de nutrition de nos cellules.

Ces différentes substances se trouvent réunies dans le blé, non seulement sous la forme organique, c'est-à-dire utilisable pour les cellules animales, mais encore dans un état d'équilibre presque parfait.

Et cet équilibre est peut-être le plus important des facteurs qui concourent à faire du blé complet la matière première de l'aliment spécifique de l'espèce humaine : *le pain*[1].

La loi d'équilibre régit tout ce qui est, et les planètes elles-mêmes ne peuvent y échapper, soumises à la gravitation universelle, qui n'est autre qu'un phénomène d'équilibre.

Or, il est démontré aujourd'hui que tous les principes entrant dans la composition du grain de blé : hydrates de carbone, matières protéiques, graisses, sels minéraux, cellulose même, sont indispensables à notre vie, non seulement dans leur individualité propre mais

1. Il s'agit, bien entendu, du *pain complet*. Le mot pain vient du grec « pan », qui signifie « complet, total ».

encore par le rapport harmonieux des proportions dans lesquelles ils sont associés.

Pour faciliter son étude, on a divisé arbitrairement le grain de blé en trois parties : le germe, l'amande et l'enveloppe. C'est ainsi que nous allons les examiner.

Le germe.

C'est la plus petite partie du grain (1,4 %). Pour un gramme, il ne faut pas moins de 1.200 germes de blé !

Pourtant c'en est la partie essentielle et il est facile de comprendre pourquoi.

Si sa composition chimique ne fait que reproduire sensiblement celle de l'ensemble du grain, avec seulement une plus grande richesse en graisse phosphorée, le germe possède une qualité indécelable à l'analyse, beaucoup plus mystérieuse : il est *source de vie.*

C'est en effet grâce à lui que la plante perpétue, multiplie indéfiniment son espèce. On peut dire, par conséquent, que s'il ne renferme pas visiblement dans ses cellules les millions et les milliards de graines qui en sortiront dans l'infini des temps, avec toutes les caractéristiques de sa propre race, il les contient *en potentiel.*

Et cela prend quelque importance lorsqu'on sait qu'un seul grain de blé, planté et cultivé dans certaines conditions, peut produire 6 à 700.000 grains au moment de la récolte.

Vu au microscope, le germe renferme un embryon,

c'est-à-dire une plante en réduction munie vers le bas d'une radicule principale, entourée de radicules latérales plus petites et, vers le haut, d'une tigelle d'où part latéralement un grand cotylédon, puis une série de feuilles, de plus en plus petites, dont la première est directement opposée au cotylédon. Le cotylédon entoure en quelque sorte le germe et le sépare de l'amande.

L'amande

Celle-ci représente un peu plus des 4/5 du grain. On l'appelle aussi « albumen ».

Elle se compose de grandes cellules formées d'un noyau étoilé, autour d'un protoplasme en forme d'éponge dans les cavités duquel viennent se loger les grains d'amidon (fécule).

Ce sont ces cellules qui forment ce qu'on appelle le gluten. L'amidon n'est qu'un amas de matière nutritive non encore transformée, mise en réserve dans la graine pour alimenter la petite plante contenue dans le germe, pendant les premiers jours de son développement.

Les grains d'amidon sont d'autant plus gros que l'on va vers le centre de l'amande, et ils s'insèrent dans les cellules des différentes couches qui se succèdent de la périphérie au centre tout en devenant de moins en moins riches en gluten.

L'enveloppe

Formée, elle aussi, de couches concentriques, mais de moins en moins épaisses, en allant vers l'extérieur, elle comprend d'abord, en partant du dehors, une partie cellulosique : le *péricarpe*, formé de trois membranes externes de l'enveloppe. Ensuite vient le *tégument séminal* ou *testa*, matière colorée qui donne au grain sa couleur particulière. Puis la *bande hyaline*, et enfin l'*assise protéique* (appelée autrefois « couche merveilleuse ») qui contient des *cellules d'aleurone* et qui, entourant l'amande, servira à sa solubilisation au moment de la germination.

C'est cette couche — soumise le plus directement aux radiations solaires puisque plus proche de l'extérieur que les couches de gluten — qui renferme les *diastases* (ferments qui permettent la digestion dans notre estomac, du gluten et des grains d'amidon) et

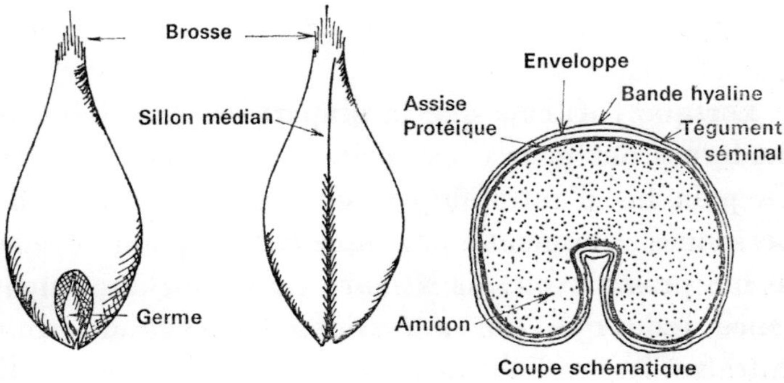

UN GRAIN DE BLÉ VU EN PLAN ET EN COUPE

aussi les substances précieuses comme la phytine, les sels phosphorés, magnésiens et les traces des différents métaux rares contenus dans le blé. Elle contient aussi certaines essences comme le « carotène », auquel les médecins attribuent des vertus antirachitiques puissantes.

L'ensemble des six couches de l'enveloppe représente 15,6 % environ du poids total du grain : c'est ce qu'on appelle vulgairement *le son*.

Mais il faut comprendre que ces divisions, qui permettent d'étudier plus aisément le grain de blé, sont absolument arbitraires et ne correspondent à rien d'exact dans sa réalité vivante : le grain de blé forme un tout *indivisible*, dans lequel toutes les substances sont parfaitement équilibrées entre elles, associées dans des proportions que l'on a reconnu correspondre très exactement aux besoins des différents groupes de cellules de notre organisme.

***

Lorsque j'affirme que la plupart des grands fléaux modernes ont pour cause principale le remplacement du pain bis d'autrefois par du pain blanc, bien des personnes s'étonnent à la pensée qu'une plante comme le blé puisse avoir, dans notre nutrition, une importance telle que son altération, son emploi erroné entraîne irrémédiablement notre dégénérescence. En effet, nous disposons d'une foule d'autres aliments contenant les mêmes substances et qui semblent pouvoir le remplacer avantageusement. La composition du blé est facile à déterminer et, à défaut de trouver dans la nature des plantes présentant exactement les mêmes substances, dans les mêmes proportions, il semble qu'il soit facile de composer, en mélangeant plusieurs éléments différents, des rations alimentaires correspondant exactement à la composition d'une ration de blé...

C'est ce qu'on a cru longtemps, sur la foi de théories scientifiques dont les adeptes refusaient de reconnaître qu'en dehors de notre petit monde matériel qu'il est possible de voir ou de sentir ou même de tenir sous l'oculaire d'un microscope, il en est un autre, infiniment plus vaste, infiniment plus beau et... plus réel aussi, et qui échappe à nos appareils.

On avait pris le problème à l'envers : en réalité, un aliment ne convient pas à un être vivant parce qu'il reproduit la composition de cet être, mais c'est au contraire l'être qui présente une composition similaire à l'aliment *parce que sa race s'en est nourrie pendant des générations et des générations.*

Lorsque nous constatons que le blé (complet) contient *tous* les acides aminés dont nous avons besoin, cela signifie que, nous étant nourris de blé pendant des millénaires, notre organisme *a besoin* des acides aminés du blé. Autrement dit, si le blé est, de tous les aliments connus, celui dont la composition présente le plus de similitude avec celle du corps humain, c'est parce que le blé a concouru, depuis plus longtemps que tous les autres aliments, à la formation de notre organisme, au cours des siècles. Il en résulte que toutes les caractéristiques physiques et morales de notre race aussi bien en ce qui concerne la forme de nos dents, la dimension de nos organes, le rythme de nos fonctions, le développement de nos facultés cérébrales, la qualité de notre intelligence, notre degré de sensibilité et l'orientation de nos activités spirituelles, *nous les devons au blé.*

Si pendant tous ces siècles qui ont vu la lente évolution de l'homme, nous nous étions nourris d'autre chose — comme d'autres espèces l'ont fait — nous serions devenus un autre type d'être vivant, peut-être supérieur, peut-être inférieur, mais en tout cas différent. Car, ainsi que l'explique Carrel : « Nous sommes faits du limon de la terre. C'est pourquoi notre corps et ses qualités physiologiques et mentales sont influencés par la constitution géologique du pays où nous vivons, par la nature des animaux et des plantes dont nous nous nourrissons habituellement. Notre structure et les caractères de notre activité dépendent aussi du choix que nous faisons d'une certaine classe d'aliments... Il est possible de donner artificiellement certains caractères aux êtres humains, comme aux animaux, en les soumettant, dès leur jeune âge, à une alimentation appropriée... Nous sommes traversés par un grand fleuve de matière qui vient du monde extérieur et qui y retourne[2]. »

2. Docteur Alexis Carrel : *l'Homme, cet inconnu* (Plon, éd.).

Il en résulte que si l'on abandonne brusquement l'aliment qui a concouru pendant des millénaires à la formation de notre corps et de notre esprit, LE BLÉ, pour en adopter d'autres ou même si l'on continue à l'utiliser mais en le dénaturant, en lui enlevant ses éléments indispensables, on altère progressivement les caractères de la race et l'on voit peu à peu apparaître ces symptômes de dégénérescence que sont les maladies, les vices, le fléchissement du niveau intellectuel, les anomalies dans la descendance, l'affaiblissement des facultés génésiques, la diminution de la lactation chez les mères, fonction qui conditionne la conservation des caractères raciaux chez l'enfant, etc.

C'est ce qu'a très bien mis en lumière le docteur Lenglet, membre du Conseil supérieur d'Hygiène publique de France, dans la préface du livre de Henri Beaubourg : *Le Préjugé du pain blanc* (ouvrage épuisé), lorsqu'il écrivait :

« Le pain est la plus riche source d'énergie humaine qui existe au monde. Ni la viande, ni les légumes, ni les fruits ne fournissent l'énergie que fournit le blé. S'il y a une race française, on le doit au blé. Si le pain ne contient plus tous les éléments essentiels du blé, on diminue la vitalité de la race française. C'est la conséquence des procédés de la minoterie actuelle. »

Ce même auteur, dans une conférence donnée le 17 avril 1940, au Palais-Bourbon, devant un groupe de parlementaires, déclarait :

« Dans notre alimentation journalière, seul le germe peut apporter la quantité suffisante de vitamine E, vitamine de génération, nécessaire aux besoins de la personne et, à travers elle, de la race. Tout se tient dans la vie et dans l'organisme : l'absence ou l'insuffisance d'une seule substance peut, suivant le rang qu'elle tient dans la physiologie de l'être, provoquer l'insuffisance d'un ou de plusieurs organes qui, à leur tour, répercuteront sur d'autres, les effets de leur souffrance.

« Aussi n'est-ce pas seulement au point de vue de la reproduction générale de la race que compte la vitamine E. Quand un organe primordial comme l'organe sexuel mâle perd une partie de son activité sécrétoire, tant interne qu'externe, l'organisme, en son ensemble, pâtit et perd une part de son énergie spontanée. C'est une déchéance grave qui ne se mesure pas avec précision, mais qui n'échappe pas plus à l'œil de l'observateur perspicace, que peut échapper la modification de caractère du chapon privé des mêmes influences interorganiques. »

Pour confirmer l'exactitude de ces vues, il m'a été permis, au cours de plus de vingt-cinq années pendant lesquelles j'ai pu donner à mes conseils alimentaires une diffusion de plus en plus large, de recueillir de nombreuses observations du plus haut intérêt.

Toutes celles qui ont été faites sur des bébés confirment que, dès le 4ᵉ ou 5ᵉ mois, le blé fraîchement moulu, seulement débarrassé du gros son par un léger tamisage et cuit peu de temps, en bouillie légèrement maltosée avec du lait d'amandes, est le seul aliment qui puisse, sans inconvénient, être adjoint, puis succéder au lait maternel. Plus tard, associé aux fruits frais, il constitue la seule base alimentaire convenable pour l'enfant.

Pour ce qui est des mamans, l'usage du blé complet, fraîchement moulu, absorbé sous forme de bouillies, également joint à des fruits frais ou secs, leur assure *toujours* un lait abondant et d'excellente qualité lorsqu'elles veulent bien éliminer de leur table, les aliments et boissons toxiques. Il leur évite en outre les accidents de plus en plus fréquents dans cet état y compris les funestes conséquences de la déminéralisation.

Les mêmes expériences faites par des adultes et des vieillards ont apporté des preuves éclatantes des propriétés régénératrices du blé. C'est par milliers que m'ont été spontanément adressées les attestations de lecteurs et d'auditeurs auxquels l'usage du blé complet fraîchement moulu, et cuit sous forme de bouillies ou de mets divers, que j'ai remis en usage, a littéralement rendu la vie, en leur permettant de recouvrer la santé, des forces, du poids, la joie de vivre, alors que la tendance du corps médical et du commerce à orienter les consommateurs vers les produits artificiels de l'industrie, avait fait d'eux des affamés, des impuissants ou des névrosés.

Nous devons nous opposer, par tous les moyens, à cette *conspiration du silence contre les qualités de notre blé*, conspiration qui trouve, jusque dans les milieux scientifiques, des complicités aussi inattendues que redoutables.

S'il le faut, je publierai toutes les lettres émanant d'anciens malades, affligés autrefois des maux les plus graves, déclarés parfois incurables, condamnés même, souvent, par le corps médical, *comme je l'étais moi-même* il y a quarante ans ; de couples désespérés de leur stérilité et qui, maintenant, sont entourés de beaux enfants ; de paralytiques, même, *venus me voir* pour me crier leur joie de marcher...

Toutes ces observations — qui ne font que confirmer les dires des savants ayant étudié impartialement la question — démontrent la mauvaise foi de ceux qui, pour des motifs que je n'ai pas à examiner ici, empêchent la diffusion de ces connaissances dans le public, premier pas vers le retour à une nourriture saine, à un pain complet de bonne qualité, fait de blé régénéré par de bons procédés de culture, poussé sur notre sol et bluté à un taux raisonnable, de bouillies et de mets à base de blé, de pâtes alimentaires convenablement fabriquées, en un mot à l'utilisation de cette merveilleuse céréale dont se sont nourris nos ancêtres de tout temps.

Ces hommes portent sur leurs épaules l'épouvantable responsabilité d'avoir attiré sur notre race les fléaux qui l'accablent. Ils auront à rendre compte de tous ces morts, des infirmités, des tortures physiques et morales, de tous les désespoirs causés par leur silence !

B - Le germe de blé[3]

On discutait déjà dans l'Antiquité des avantages et des inconvénients du pain blanc et du pain complet comme en font foi de très vieux textes, notamment d'auteurs latins[4].

Nous pouvons cependant nous rendre compte que, faute de base scientifique, les arguments qui alimentaient ces discussions n'étaient pas très convaincants. Ils ne se sont, en fait, dégagés de l'empirisme pour entrer dans la réalité scientifique, que par suite de la découverte des *oligo-éléments*, tout à la fin du siècle dernier, puis des *vitamines*, au début du XXe siècle, et enfin des *acides gras essentiels*, encore plus récemment.

Il ne fait pas de doute que la biochimie découvre encore dans le blé des substances dont l'existence n'est même pas encore pressentie, substances dont la présence ou l'absence, dans la farine, fera apparaître de nouvelles différences entre la farine complète et la farine blanche.

Il est cependant d'ores et déjà évident que les

3. Paru dans *A Table !* de mars 1966.

4. Par exemple, *le Satiricon* de Pétrone dans lequel nous lisons : « ... et du pain de ménage, fait de blé complet que pour ma part je préfère au pain blanc, car il donne des forces et me fait aller sans larmes à mes petites affaires (LXVI) ».

divers éléments du grain de blé, dont on connaît l'existence depuis longtemps, ont une composition très différente, et par conséquent des propriétés nutritives également très différentes. On peut dire que la grande découverte de la biochimie moderne en matière de blé, est la très grande concentration d'éléments nutritifs précieux dans l'assise protéique et surtout dans le germe (vitamines, oligo-éléments, huiles essentielles, etc.), alors que le reste du grain est essentiellement composé de substances nutritives très communes, comme l'amidon.

Une différence essentielle entre le rôle alimentaire de ces deux catégories de substances, nobles et communes, tient à leur période d'efficacité après introduction dans l'organisme. Les premières ont une action douce et étalée, les secondes, une action intense et brève.

L'amidon absorbé par l'homme qui a faim, lui apporte de l'énergie très rapidement utilisable, c'est-à-dire dans un délai de quelques heures à peine, correspondant au délai de digestion et d'assimilation. Par contre, au bout de 24 heures, l'énergie a été dissipée, et il n'en reste pas trace dans l'organisme, qui a besoin d'une nouvelle ration.

Il en va tout autrement avec la plupart des éléments nobles dont l'action se prolonge bien au-delà de 24 heures, parce que leur effet sur l'organisme ne consiste pas à fournir de l'énergie, mais à faciliter le travail des organes, et à les maintenir en bon état.

C'est probablement cette différence d'action sur

l'organisme qui a permis d'imposer aux consommateurs l'usage du pain blanc, au moyen d'une habile propagande d'abord, puis de lois destinées à favoriser certains intérêts particuliers, au mépris de la santé publique.

L'élément déterminant fut en effet le fait que l'extraction de la farine des éléments du germe et de l'enveloppe ne modifiait pratiquement pas l'approvisionnement de l'organisme en énergie immédiatement disponible après absorption et digestion. S'il en avait été autrement, c'est-à-dire si le blutage de la farine lui avait enlevé sa valeur nutritive immédiate, il va de soi que ses inconvénients n'auraient pas pu être contestés.

Ils seraient immédiatement apparus, et tout le monde aurait considéré comme absurde une opération supprimant l'intérêt nutritif, au sens énergétique, de la farine. Au contraire, il a fallu attendre des siècles pour que la biochimie mette en évidence les inconvénients résultant de la suppression de substances dont l'action est étalée.

Maintenant que c'est chose faite, on s'aperçoit que ceux qui préconisaient de prendre le blé tel qu'il est fourni par la nature, pour des raisons philosophiques et non scientifiques, avaient finalement raison.

Chose toujours étonnante, encore que pratiquement inévitable, alors que les travaux des savants viennent à peine de justifier scientifiquement l'argumentation des « naturistes » de tous les temps, les mêmes travaux conduisent maintenant le profane à faire en sens inverse l'erreur de principe que les partisans de la farine blanche ont faite autrefois.

Sous prétexte que la biochimie a prouvé que la farine blanche était privée de certains éléments essentiels principalement contenus dans le germe de blé et pratiquement irremplaçables, nombreux sont maintenant ceux qui croient à la nécessité de ne plus consommer *que le germe* et de négliger le reste du grain !

Le raisonnement qui conduit à cette conception est simple : le blutage des farines ayant carencé l'organisme en éléments nobles du germe, il faut combler le déficit, et pour cela, en apporter un excès pendant un laps de temps suffisant.

Au nom de ce raisonnement simpliste, des milliers de personnes absorbent des quantités importantes de germe de blé, pendant de longues périodes, sans se douter qu'elles s'empêchent ainsi de profiter au maximum des avantages nutritifs des éléments qu'il contient. Car malheureusement, la nature ne correspond pas à l'idée que nous nous en faisons par des raisonnements comme celui que nous mentionnons ci-dessus.

Deux faits infirment ce raisonnement : d'une part les éléments du germe ne sont utiles qu'à faible dose ; d'autre part, le germe contient aussi des substances utiles lorsqu'elles sont associées avec le reste du grain, mais *devenant nuisibles seules.*

La comparaison avec l'alimentation d'un moteur

deux temps permet de mieux comprendre ces deux points.

Le moteur deux temps fonctionne normalement avec un carburant gras, c'est-à-dire, en général, de l'essence additionnée de 2 % (par exemple) d'huile de graissage. Le carburant fournit l'énergie, l'huile protège la mécanique, comme dans un moteur 4 temps. La seule différence est qu'ils sont introduits ensemble et non séparément.

Il va de soi que si l'on fait tourner un moteur 2 temps avec de l'essence pure, le graissage ne se fait pratiquement plus, ce qui supprime la protection des organes mécaniques. Il faut rétablir le graissage au plus vite. Mais cela ne signifie nullement qu'il faille adopter alors un taux de graissage supérieur au taux normal ! Car, si l'on met 5 % d'huile dans l'essence, au lieu des 2 % prévus, non seulement le graissage ne sera pas meilleur, mais encore l'excès d'huile fera apparaître d'autres inconvénients : encrassement des bougies, calamine, fumée à l'échappement, etc., tout aussi indésirables que ceux qui proviennent du manque d'huile.

Il en va de même avec le germe de blé : vouloir en absorber à forte dose sous prétexte qu'on en a été privé depuis longtemps, c'est s'exposer aux inconvénients de l'excès de substances qui ne sont utiles qu'à une dose équilibrée avec le reste de l'alimentation, c'est comme vouloir faire tourner un moteur avec un excès d'huile de graissage sous prétexte qu'il en a été privé précédemment. C'est une vue de l'esprit.

Ce qui est dangereux, c'est que dans ce sens, il est facile d'aller très loin sans s'en apercevoir. Quand on absorbe chaque jour une cuillerée à café de germe de blé, on n'a généralement pas l'impression de risquer l'excès. C'est méconnaître le caractère très actif des substances nobles qui y sont contenues.

Il est pourtant facile de s'en faire une idée. Le poids du germe est de l'ordre du centième du poids du grain. Par conséquent, le germe contenu dans une cuillerée à café, soit environ 5 g, est associé dans la nature, à environ 500 g de blé. Ce petit calcul montre que la cuillerée à café correspond à une bonne ration de germes associés à 500 g de blé (en pain, bouillies, pâtes, etc.). Quand on la prend seule, certains de ses éléments utiles à l'assimilation de l'amidon sont en trop, et quand on la prend en plus de la ration normale de blé, on tombe dans les risques caractéristiques de l'excès de substances très puissantes.

***

Dans certains cas très particuliers, on peut avoir intérêt à consommer une petite ration quotidienne de germes de blé, mais il s'agit de cas pathologiques relevant d'une ordonnance médicale.

C'est le cas par exemple des diabétiques, des hémogliasiques ou des malades très anémiés.

Mais hormis ces cas très particuliers, *la mode* du germe de blé procède exactement de la même erreur que la mode de la farine blanche ; en croyant faire mieux que la nature, on passe à côté d'un de ses principaux avantages : le fait qu'elle nous présente le blé sous une forme qui, en principe, nous met à l'abri de toute fausse manœuvre. L'association de substances très actives, mais dont l'utilité n'est pas directement décelable, avec des substances dont l'utilité alimentaire est immédiatement évidente, constitue une ration équilibrée... tant que nous ne les dissocions pas.

C'est pourquoi la première condition pour vivre en bonne santé, est d'abandonner cette tendance détestable, que la pharmacie et sa publicité ont fait entrer dans nos mœurs, et qui consiste à vouloir toujours prendre les choses autrement qu'elles nous sont présentées par la nature.

C - La fin de la guerre de Cent ans

Il s'agit bien d'une *guerre de cent ans*, car il y a un siècle que la question est débattue de savoir quelles sont les parties du grain de froment qui doivent être utilisées pour constituer la farine panifiable.

Fleurant lui-même, dans son livre : *Le Pain de froment*, adversaire déclaré, comme Aimé Girard[5],

5. Fleurant : *Le Pain de froment* (Gauthier-Villars, 1912). Aimé Girard : *Le Froment et sa Mouture* (Gauthier-Villars, 1903).

des farines à hautes extractions, reconnaît que : « Tout au long du XIXe siècle, si des savants ont soutenu que, seule, l'amande farineuse du froment devait servir à l'alimentation économique de l'homme qui travaille, d'autres, et plus nombreux, ont périodiquement soutenu que le germe, le son pour partie ou en totalité, devaient être incorporés à la farine destinée à faire le pain. »

Cette discussion, née pratiquement à l'apparition des cylindres (1872, selon Martin-Charpenel), s'est perpétuée jusqu'à nos jours, chaque partie versant aux débats des arguments qui ont peu modifié jusqu'à présent les pratiques industrielles et l'usage courant du pain blanc.

Comme le remarquent Cramer et Mottram dans un article publié dans *Lancet* du 19 novembre 1927 (« On the nutritive value of bread with special reference to its content in vitamin B ») : « cette discussion sur pain blanc et pain bis a autant péché par l'enthousiasme sans critique des partisans du pain bis, que par les raisonnements fautifs des défenseurs du pain blanc ».

Nous avons maintes fois, depuis que notre revue existe, réfuté ces « erreurs », tout au moins celles qui étaient présentées avec quelque apparence de raisonnement scientifique. Mais bien des auteurs ont usé d'arguments beaucoup plus faibles, par exemple en disant que le pain blanc étant devenu d'un usage courant, il fallait y voir la preuve de sa supériorité sur les variétés bises ou complètes !

C'est là le genre d'argument puéril auquel on ne saurait mieux répondre qu'en reprenant cette boutade de Liacre, dans la *Presse médicale* du 13 avril 1927 (« Digestibilité de la couche aleurone du grain de blé ») : « Qu'on ne nous cite donc plus l'opinion publique, car il faudrait décider que les apéritifs sont d'excellentes drogues puisque le public les aime, qu'il est hygiénique de cracher par terre, puisque cela se fait, etc. »

MacCance et Lawrence, dans un rapport sur la « Teneur en hydrates de carbone des aliments », présenté au Medical Research Council de 1929, à cet argument que le pain blanc, par sa carence en vitamine B, est cause de troubles digestifs, répondaient : « Si la carence en vitamines du pain blanc était la cause de tant de constipations et si les vitamines du pain complet en étaient le traitement spécifique, alors cela n'aurait pas manqué d'attirer l'attention des médecins et du public. » L'auteur de l'éditorial du *British Medical Journal* (1929, 27 : 156-157), relatant ce fait, ne manque pas, avec bon sens, de remarquer que « cet argument qu'une idée nouvelle ne peut pas être exacte car si elle était vraie quelqu'un l'aurait trouvée depuis longtemps, a été opposé à toute idée nouvelle depuis le début de l'histoire et nous avons quelque surprise à le trouver dans une publication scientifique consciencieuse ! ».

A la vérité, toute cette discussion se résume à une question de gros sous :

La Grande Meunerie *a intérêt* à vendre plusieurs

fois le même blé, après l'avoir séparé en diverses fractions : *le germe*, aux laboratoires pharmaceutiques pour en extraire toutes sortes de « fortifiants » et jusqu'à des produits pour doper les chevaux de course ; le *son*, auquel adhère une partie de l'assise protéique, une des plus riches parties de la graine, aux éleveurs de bestiaux ; enfin, l'*amidon*, indigeste lorsque privé des diastases du germe et du son, et peu nutritif lorsque privé des oligo-éléments du son, aux boulangers, pour faire le pain des hommes.

Avec le concours de savants à sa solde, la Grande Meunerie, depuis un siècle, s'efforce de faire croire au public que le pain blanc est supérieur au pain complet, notamment qu'il est plus digeste...

Les travaux récents que nous révélons dans l'étude ci-dessous, apportent la preuve scientifique du contraire, en même temps qu'ils mettent un point final à cette polémique dont on a la preuve, maintenant, qu'elle ne reposait sur rien d'avouable.

L'intolérance digestive aux farines de céréales, constatée depuis longtemps chez certains sujets, a déjà fait l'objet de nombreux travaux. Je ne citerai que les principaux, au cours de ce siècle et du précédent : expériences de Rathay (1879), d'Aimé Girard (1882), du professeur Lapicque (1917), de Monceaux (1923), de Noël Fiessinger (1932), d'Adolphe et Wu (1934).

Un des ouvrages les plus importants en la matière est la thèse pour le doctorat en médecine de Martin-

Charpenel (1937) : *Le Pain de froment*, qui fut l'objet d'un silence total lorsqu'elle parut, préfacée par le docteur Lenglet, parce qu'elle tendait à montrer le danger du pain blanc, par suite du retrait du germe et du son.

Voici quelles étaient les conclusions de l'auteur, à la fin d'un chapitre sur l'*assimilation des sons :*

« 1. Il est nécessaire qu'existe dans la ration alimentaire de l'homme un minimum de substances scoriacées pour obtenir une exonération satisfaisante de l'intestin.

« 2. Le son peut heureusement remplir cette fonction, cet apport cellulosique n'entraînant aucun effet fâcheux lorsque la quantité ingérée ne dépasse pas une certaine dose.

« 3. Il semble que l'action laxative faible du son tienne à sa richesse en fibres cellulosiques.

« 4. Réduit à l'état finement pulvérulent, le son ne paraît plus alors accélérer le transit intestinal et l'assimilation de ses principes (azotés, minéraux, gras, etc.) est alors possible dans une proportion très élevée.

« 5. La cellulose même du son paraît être partiellement attaquée par les sucs de l'appareil digestif de l'homme.

« Ainsi le son serait sans doute précisément ce qu'en disait Parmentier : " Plusieurs médecins ont déjà prouvé que le son ne se digérait pas, qu'il fatiguait extrêmement l'estomac et qu'on le rendait tel qu'on le prenait... " »

« Il y a lieu de remarquer ici que presque tous les raisonnements des détracteurs des taux d'extraction élevés sont entachés de la même faute, comme y a insisté Liacre (Thèse Doc. Méd. Paris, 1919 : La digestion des cellules à aleurone du blé, in *Pain blanc et pain bis*) : " Tantôt, quand il s'agit d'affirmer que le son est dénué de toute propriété nutritive, on tient pour démontré que le son n'est que de la cellulose et on prend pour prémisses ce qu'il faudrait démontrer, tantôt, devant des faits qui prouvent, même dans les conditions d'expériences où nous reconnaissons nous-mêmes que l'enveloppe peut difficilement céder les matières assimilables qu'elle contient, que quelque chose disparaît de l'enveloppe au cours de la traversée du tube digestif, on dit que le son est ' l'enveloppe retenant attachée à sa face interne la moitié au moins de son poids d'amande farineuse ' " (A. Girard). Nous ajoutons, et on l'a vu, que c'est quelque chose d'infiniment plus riche encore... »

***

En fait, cette intolérance aux farines de blé peut concerner, soit le gluten, soit l'amidon. Elle a souvent des conséquences graves puisque, outre les divers désordres digestifs et intestinaux qui en résultent, tels que constipation, ballonnements, flatulences, etc., elle peut être également à l'origine d'un épaississement du sang conduisant à des troubles connus sous le nom d'*hémogliase*, et à toutes les affections cardio-vasculaires qui peuvent en découler. (Travaux du docteur de Larebeyrette [6]).

Pour remédier à cette intolérance digestive des céréales, la médecine ne connaît en général que deux solutions : interdire au malade le pain et les produits à base de farine, ce qui est un remède pire que le mal, puisque le blé est l'aliment spécifique de l'organisme humain, ou prescrire des médicaments destinés à faciliter la digestion, à combattre la constipation, etc., ce qui n'est pas sans présenter de multiples dangers pour la santé en général.

Rares sont les praticiens qui prescrivent le remplacement du pain blanc par du pain complet, pour l'excellente raison que peu de médecins connaissent *la vérité* sur la question et, trompés par la propagande mensongère des syndicats de la Boulangerie, croient de bonne foi que le pain complet est encore plus indigeste que le pain blanc, à cause du *son* qu'il contient en plus grande quantité.

Or, l'expérience prouve que, seul le *pain intégral*, c'est-à-dire fait d'une farine contenant *la totalité du son* est indigeste pour certains sujets dont l'estomac dégénéré ne peut plus digérer convenablement les celluloses ligneuses de l'enveloppe du grain.

Les pains complets, de taux inférieurs à 95 %, au contraire, ne présentent aucun des inconvénients

6. Docteur de Larebeyrette : *Hémogliase hyper Alpha 2* (Edit. Médec. prat., Colombes, 1957), ouvrage épuisé. (Son analyse a été publiée par *la Vie claire* en fév. 1959).

d'intolérance digestive présentés par le pain blanc [7].

Cela tient au fait que dans la digestion de la farine de blé, le rôle des enzymes *dans le son* tient une place très importante. Malheureusement, la plupart des auteurs — notamment les techniciens de la panification — n'avaient jamais étudié jusqu'à présent que les enzymes de la farine blanche, négligeant ceux de l'enveloppe.

Cette lacune vient d'être comblée par les travaux de Wohnlich, dont les communications [8] ont démontré l'importance, en nombre et en valeur, de l'arsenal enzymatique, contenu dans les sons de blé. Si certains de ces enzymes, comme les *protéases*, sont communs à la farine blanche et à la farine complète, les autres, par contre, ne se rencontrent qu'aux divers niveaux des couches corticales. Ces enzymes agissent en dépolymérisant les grosses molécules de farine, ce qui s'explique lorsqu'on sait que la farine — matière nutritive de réserve pour l'embryon — est constituée de molécules polymérisées volumineuses qui, pour pouvoir être utilisées par l'embryon, doivent être tout d'abord dépolymérisées en petites molécules. Ce sont donc les divers enzymes qui s'en chargent, entrant en action progressivement, dans certaines conditions physico-chimiques, l'équilibre de leur action étant

7. Il s'agit, bien entendu, de pains complets *véritables*, préparés correctement sur levain à partir de farines complètes, etc.

8. Bulletin Soc. Chimie Biolog. (1960. 42.7-7 ; 1961. 34. 9-10 ; 1963. 45.11).

assuré tour à tour par des facteurs neutralisants (anti-enzymes), puis par des neutralisateurs de ces derniers, notamment par certains acides aminés, tels que la méthionine [9] (R. Jacquot).

Une remarquable étude de ce mécanisme a été présentée par A. Cornet, J. Guerre et B. Hillemand, aux IIIe Journées nationales de Diététique de Marseille [10], à laquelle je fais de larges emprunts dans l'exposé ci-dessus.

Ces nouvelles données sont de la plus haute importance car, d'une part, elles apportent aux partisans du *pain complet* des arguments scientifiques indiscutables expliquant les raisons de l'intolérance digestive aux farines blanches et montrant la faiblesse de la thèse des syndicats de la Boulangerie et de la Grande Meunerie, thèse selon laquelle ce serait par ignorance, voire par pure malveillance que des médecins et des hygiénistes déconseilleraient le pain blanc à leurs malades ; d'autre part, elles vont permettre à des industriels de l'alimentation d'améliorer la digestibilité de leurs produits à base de céréales par l'adjonction à des farines trop blanches, des enzymes extraits du son, selon un procédé récemment mis au point par E. Blanchon et L. de Saint-Rat, et qui permet d'extraire (sans l'altérer, si l'on en croit les

9. R. Jacquot : *Les Tourteaux alimentaires*, Monographies de l'Institut technique d'Etudes et de Rech. des corps gras (Iterg), Paris 1949. 20-21.

10. Rapport : *Les Interdits en diététique et leurs limites.* 1962. 7.26.

auteurs) le contenu enzymatique des cellules fortement cutinisées formant l'enveloppe du grain [11].

L'incorporation à la farine, au moment du pétrissage, d'enzymes issus des enveloppes du grain est un procédé nouveau qui permet un début de digestion *in vitro,* facilitant celle-ci *in vivo,* durant le travail digestif.

En attendant que les pouvoirs publics prennent enfin les mesures nécessaires pour faire cesser le scandale de la Grande Meunerie obligeant les Français à consommer un pain trop blanc, qui nuit à leur santé et les nourrit mal, ce procédé peut apporter aux produits à base de farine (pâtes alimentaires, pain ou pâtisseries faits de farine à taux d'extraction trop faible) deux ordres d'amélioration : capital enzymatique augmenté en quantité et qualité ; renforcement de l'apport de méthionine, qui joue le rôle de neutralisateur du facteur antitrypsique [12].

11. Ce procédé fait l'objet des brevets : FR 1 245 574, 1 295 462 et 1 353 515.

12. Des essais concluants ont été effectués par le professeur Guy Albot, J. Boisson et Mme Monique Leblans. Ils ont fait l'objet d'une publication dans *La Semaine des Hôpitaux,* 45ᵉ année, nᵒ 20 (20 avril 1969, p. 1373-1387) sous le titre : « L'intolérance digestive aux farines céréalières chez l'adulte et sa prévention par un procédé nouveau de prédigestion de la farine ».

D - Pain blanc et arthritisme[13]

« LE PAIN BLANC. — Fait de farines blutées de 55 à 65 %, le pain blanc flatte davantage l'œil et le palais. C'est un pain d'une belle coloration dorée, craquant sous le doigt, coustillant, fondant dans la bouche, riche en amidon et par suite en calories, qui possède en un mot des qualités de luxe obtenues au détriment de ses propriétés excitantes, dynamogènes et nutritives.

« Le pain blanc, en effet, est un aliment déconcentré en sels minéraux, en diastases excitantes, en matériaux azotés. Il ne serait plus concentré qu'en amidon ; toutefois, il ne s'agit pas là de la vraie concentration de la molécule mais d'une plus grande richesse proportionnelle par suite du départ de matériaux voisins et, en tout cas, cet amidon reste d'exploitation très aisée[14]. C'est, en un mot, un produit alimentaire atténué et peu coûteux, par là même, à métaboliser. Aussi, doit-il à cette atténuation de valeur alimentaire de rester encore formellement indiqué dans certains cas d'affaiblissement organique, parce qu'il est alors le seul capable d'être métabolisé correctement et sans fatigue.

« A côté de cela, il est incontestable que le pain

13. Extrait de : *Traité de médecine, d'alimentation et d'hygiène naturistes*, par le Dr. Paul Carton (Maloine,1924).
14. Sauf pour les diabétiques (note du docteur Carton).

blanc constitue un aliment défectueux pour les gens bien portants, parce que son insuffisance les oblige à faire usage d'autres mauvais aliments qui n'arrivent à le suppléer qu'en les intoxiquant [15].

« D'ailleurs, ce qui fait que notre génération sait si mal apprécier l'atténuation de la valeur alimentaire du pain blanc et ne se trouve pas en mesure de se rendre compte de la réelle puissance toni-nutritive du pain bis, c'est qu'elle ne cesse de se fouailler d'autres violents excitants alimentaires : boissons fermentées, viandes, épices, café, thé, condiments, sucreries, produits industriels, qui la maintiennent en état de surexcitation morbide et masquent l'insuffisance du pain blanc.

« Aussi conçoit-on que les méfaits du pain blanc soient encore plus indirects que directs, c'est-à-dire résultent de l'emploi des aliments vulnérants pris en substitution du pain bis, bien plus que de la seule atténuation des qualités nutritives du pain blanc.

« La consommation habituelle du pain blanc doit donc être considérée comme un non-sens économique, une hérésie scientifique et une vraie calamité pour la santé publique... »

Le docteur Carton donne ensuite les « indications et contre-indications des pains complets, bis et

15. Remarquer que cette affirmation du docteur Carton contredit très exactement la thèse actuelle de la Confédération de la Boulangerie, lorsqu'elle prétend que le pain blanc est excellent pour les gens bien portants et que seuls certains malades ne le supportent pas.

blanc ». On peut les résumer ainsi : *le pain complet*[16] le plus fort, le plus dynamogène convient aux personnes ayant une forte dépense vitale. Il exige des viscères indemnes. Pour des personnes d'activité moyenne et pour les sédentaires, c'est un aliment trop riche qui pousse à l'encrassement. Pour les grands malades, le pain complet est trop excitant et peut provoquer des troubles : migraines, douleurs, palpitations, surexcitation nerveuse, etc.

Le *pain bis* est l'aliment idéal des gens actifs et bien portants. Il reste hors de conteste qu'il est le meilleur substitutif à recommander aux gens qu'on sèvre progressivement de viande et d'alcool, mais encore faut-il qu'ils ne soient pas atteints de débilité digestive trop prononcée. »

Le *pain blanc,* aliment atténué, reste donc « l'aliment des amoindris digestifs et des grands malades[17].

16. Comme on le voit, l'auteur désigne sous le nom de « pain complet », ce que l'on nomme maintenant « pain intégral » ; c'est-à-dire un pain comprenant l'intégralité du grain. De nos jours, on entend par « pain complet » un pain fait de farine légèrement blutée (de 90 à 95 %) c'est-à-dire dont on a seulement retiré la partie ligneuse de l'enveloppe. Ne pas oublier ce fait dans ce qui suit. (Note de H.-Ch. G.).

17. Il ne faut pas oublier que ceci a été écrit en 1924. Si l'auteur vivait encore, il lui serait impossible de permettre aux amoindris digestifs et aux grands malades de consommer du pain blanc tel qu'il est fait de nos jours, avec des farines supplémentées de farine de fèves ou de féveroles, panifié rapidement à coup de levure et cuit à 300°, la plupart du temps dans des fours chauffés par injection directe d'un brûleur à mazout. (Note de H.-Ch. G.)

Retour au pain normal

Je ne voudrais pas terminer cette longue citation du docteur Carton sans reproduire les indications qu'il donnait « *pour un retour au pain normal* », ce qui, pour lui, voulait dire au pain complet ou au pain bis :

« Pour ne pas s'exposer à des mécomptes dans l'application de la réforme du pain, il faut prendre les précautions suivantes. Du jour au lendemain, les personnes désireuses de s'alimenter plus logiquement ne devront pas cesser brusquement le pain blanc pour ne prendre que du pain bis ou complet. Ici, comme pour toutes les pratiques alimentaires et hygiéniques que l'on désire modifier (nous le redirons encore souvent) le succès n'est possible, dans la majorité des cas, qu'en opérant la rééducation lente et progressive des organes et en ne lâchant que peu à peu les habitudes anciennes. On l'a bien vu avec le pain bis de guerre dont l'application subite a produit tant de troubles et de réclamations qui, peu à peu se sont espacés et ont cessé. Au début, on aura donc intérêt à ne consommer que le quart de la ration totale en pain bis ou complet, et même à n'en prendre qu'au repas de midi. Puis, peu à peu, selon l'accueil obtenu, on accroîtra la dose jusqu'à substitution complète. »

Voici donc prouvée, *par les textes mêmes du docteur Carton,* l'inexactitude des indications qu'on peut lire dans les livres de certains médecins cartoniens au sujet du pain complet.

Si j'ai tenu à infliger au lecteur ces longues citations, c'est pour détruire une légende qui a, encore actuellement, un certain crédit auprès de nombreux médecins (ne connaissant les idées de Carton que par les écrits de ceux de ses successeurs qui le trahissent), qui n'osent pas prescrire le pain complet à leurs patients... au grand dam de la santé de ceux-ci.

Le pain blanc conduit à l'arthritisme

J'en arrive au problème du pain blanc responsable de l'état arthritique des personnes qui en consomment régulièrement.

Nous venons de voir que, alors que, dans le pain complet, la proportion entre glucides et protides convenait parfaitement aux besoins de l'organisme humain normal, cet équilibre est profondément modifié dans un pain fait de farine blutée à 70 % et en dessous. Cette modification se fait au détriment des protides.

Voici les précisions données par le docteur Lenglet à ce sujet, dans le texte de sa conférence du 17 avril 1940, devant un groupe de parlementaires présidé par M. Louis Marin, au Palais-Bourbon :

« Par l'extraction à 95 %, on a une ration équilibrée pour la partie *albumine* et pour la partie *sucres.* Par exemple, dans la farine à 95 %, il y a toujours au moins, pour 100 g de farine, 10 g d'albumine, si le blé est bon, et il s'y trouve toujours 75 g de glucides : donc la ration, pour ces deux facteurs, est équilibrée, mais elle n'est pas complète quant à la graisse, soit 1/10 à 1/20 de la quantité de graisse, au lieu de 1/4 à 1.

« C'est par là seulement que pèche la ration ; léger défaut d'ailleurs, car il est facile, par d'autres aliments, de trouver la quantité de graisse supplémentaire.

« Le blé et la farine intégrale à 95 % représentent donc la ration le plus près de l'équilibre physiologique, ce qui explique que le pain à 95 % peut, à lui seul, entretenir la vie.

« Au contraire, si nous prenons le pain à 70 %, il manque pour une ration de 500 g de pain, environ 8,5 g de protides, à cause de l'insuffisance d'extraction, et surtout parce que, des farines telles qu'on les fait aujourd'hui, l'assise protéique, riche en protides, est exclue. Le rapport des albumines aux glucides est rompu en faveur de l'amidon.

« Les farines à 95 % et à 70 % cessent d'être comparables pour des raisons plus graves encore : à mesure que le taux d'extraction décroît, les *issues* emportent non seulement l'assise protéique, mais la partie des albumines qui est immédiatement sous-jacente à cette assise. La preuve de cette assertion est faite par l'analyse comparative. La partie du grain dénommée à tort " enveloppe " correspond à 14,36 % du poids du blé. Or, les issues enlèvent plus de 25 % et souvent atteignent 30 % du poids du grain mis en mouture. Il y a donc perte, non seulement de l'assise protéique, mais encore d'albumine et de glucides appartenant à l'amande du grain. »

En fait, la perte est beaucoup plus importante qu'une simple perte quantitative, relativement facile à compenser. Le docteur Lenglet, en poursuivant, expose l'intérêt physiologique qu'il y a à utiliser autant qu'il est possible et de préférence *l'albumine du blé plutôt qu'une autre,* dans l'alimentation humaine :

« Cette albumine contient en effet, en grande proportion, et seule contient en proportion suffisante, parmi tous les autres protides de l'alimentation journalière, *l'acide glutamique.* Cet acide aminé, base du *glutathion du sang,* joue dans l'organisme un rôle de premier plan dans les phénomènes alternés d'utilisation du soufre qu'il mène, par oxydations et réductions successives, jusqu'à l'état de soufre usé qu'éliminent les urines sous diverses formes.

« Quand les substances albuminoïdes soufrées ne peuvent, *faute de renouvellement de glutathion,* être conduites jusqu'à la dégradation convenable, il reste, dans les tissus, des molécules plus ou moins toxiques, et leur présence se traduit par l'évolution des divers états morbides chroniques ou par les variations de l'équilibre physiologique qui les précèdent et les annoncent.

« Le pain de farine à 70 %, plus pauvre en protides et, par suite, en acide glutamique, est une des causes principales de ces insuffisances dont l'aboutissement est l'arthritisme et ses multiples méfaits, au premier rang desquels on peut compter le rhumatisme en certaines de ses formes chroniques. »

E - Pain blanc et hémogliase

Je ne saurais passer sous silence les récents travaux du docteur de Larebeyrette sur l' *hémogliase*, maladie décrite pour la première fois en 1958 [18], et dont les progrès foudroyants sont tels que, selon cet auteur, ils provoquent déjà plus de 100 000 décès par an, en France. Cette maladie, qui affecte les gros mangeurs, forts consommateurs de pain blanc, serait caractérisée par un trouble du métabolisme des amidons et surtout du gluten. Elle se manifeste par un épaississement du sang, ayant pour effet de ralentir sa circulation. Les symptômes sont : des maux de tête, principalement au niveau de la nuque, des pertes de mémoire, des somnolences après le repas, une diminution du désir génésique et même des éclipses vertigineuses brèves auxquelles on peut attribuer ces accidents d'automobile inexplicables, des chutes d'échafaudages, etc.

Selon l'auteur, le principal responsable de l'hémogliase est le *pain blanc*, rendu indigeste par l'absence des substances biologiques, notamment les diastases

18. Le docteur de Larebeyrette a publié de nombreux articles et un livre : *Hémogliase Hyper Alpha 2* (Ed. de méd. prat. ouvrage épuisé). Une analyse en a été publiée par *la Vie claire*, dans son numéro de février 1959.

du blé. Son traitement implique avant tout la suppression complète du pain blanc. Dès que le malade est guéri, il peut recommencer à se nourrir normalement, mais à condition de remplacer le pain blanc par du *pain complet* de bonne qualité. S'il a le malheur de recommencer à consommer du pain blanc, immédiatement il voit l'hémogliase remonter en flèche et les troubles recommencer.

En mettant en évidence le mécanisme pathogène de ces carences par des travaux scientifiques d'une grande minutie, qu'il rapporte dans son livre, le docteur de Larebeyrette a apporté une contribution capitale à l'étude du rôle des carences dans l'effondrement actuel de la santé publique, rôle qui ne peut que confirmer les travaux des autres chercheurs comme ceux que nous citons plus haut.

ANNEXE IV

TABLEAUX DE COMPOSITION

Tableau des purines

Le docteur Möller a dressé, à cet égard, un tableau comparatif des plus instructifs ; il y a classé les aliments azotés par ordre de toxicité en fonction de la production de purines ; je citerai quelques chiffres à retenir :

ALIMENTS CARNÉS		ALIMENTS TIRÉS DU RÈGNE VÉGÉTAL	
par 100 g de substance	*Purines en mg*	*par 100 g de substance*	*Purines en mg*
Extrait de viande liebig	3068	Thé	2 800
Ris de veau	1 050	Noix de kola	2 200
Sardines à l'huile	315	Poudre de cacao	1 880
Morue	265	Café grillé	1 160
Foie	244	Chocolat	620
Rognons	210	Lentilles	142
Bœuf	155	Gruau d'avoine	79
Pigeon	152	Pois verts	71
Truite	147	Tablettes Maggi	64
Sole	136	Epinards	52

ALIMENTS CARNÉS		ALIMENTS TIRÉS DU RÈGNE VÉGÉTAL	
par 100 g de substance	*Purines en mg*	*par 100 g de substance*	*Purines en mg*
Poumons	136	Asperges	50
Dindon	131	Haricots blancs	45
Porc	108	Pain noir	37
Lièvre	100	Chou-rave, morilles	29
Veau	100	Choux-fleurs, pain blanc	21
Oie	87	Radis	13
Poule	76	Champignons	13
Jambon	66	Farine de maïs	11
Saumon	63	Salade	8
Homard	58	Choux rouges ou verts	5
Fromage	58	Carottes	6
Fromage blanc	1	Pommes de terre	3
Lait de vache	0,5	Haricots verts	traces

Le tapioca, le chou blanc, les oignons, les noisettes, les noix, les amandes, les fruits : oranges, pommes, poires, prunes, pruneaux, pêches, raisin, n'en contiennent point, d'où leur valeur si grande dans l'alimentation rationnelle.

La lecture de ce tableau nous révèle d'une façon saisissante la toxicité énorme et la nuisance des extraits de viandes, des jus et des bouillons de viande, du ris de veau, trop souvent administrés aux convalescents ; en même ligne viennent encore le thé, le cacao et le café [1].

1. Dr E. Bertholet : *Le retour à la santé par le jeûne.* Génillard, éd. Lausanne).

Tableaux de composition des principaux aliments végétaux

	TENEUR EN		
	PROTIDES	GLUCIDES	LIPIDES
Céréales complètes :			
Froment	11,6	88	1,5
Orge	9,7	53,8	1,1
Riz	7,7	76,5	0,7
Sarrasin (décortiqué)	8,8	75	1,5
Pain :			
Pain blanc	5,60	60,7	0,8
Pain bis (85 %)	10,12	50,70	0,9
Pain complet (92 %)	11,70	48	1,02
Fruits secs oléagineux :			
Amande	18,10	18	54,20
Arachide	26 à 30	8	47 à 50
Noisette	16,30	12 à 14	63
Noix	15,03	16 à 24	57
Noix de caju	9,70	9	47
Noix de coco	7,81	14	66
Olives noires	3,10	32	59
Pignon de pin	31,80	6	45
Pistache	22,58	18	45,72
Fruits secs sucrés :			
Abricot	1,60	67	0,42
Châtaigne	7,52	86	2,30
Figue	5,20	80	2,10

	Teneur en		
	PROTIDES	GLUCIDES	LIPIDES
Poire	1,74	65	0,32
Pomme	1,19	62	1,75
Pruneaux	2	62	3
Raisin	2,07	69	0,53
Fruits frais :			
Abricot	0,4	14	0,12
Ananas	0,7	18	0,06
Banane (mûrie sur pied)	4,7	20	0,58
Cerise	0,7	12	—
Châtaigne fraîche	3	35	1
Citron	0,6	13	—
Datte	3	73	0,06
Figue	0,8	12	0,32
Fraises	0,8	4 à 6	0,20
Framboises	1,7	9	1,12
Grenade	0,6	10	0,15
Groseille, Cassis	0,3	6	0,65
Melon	0,6	3 à 6	0,11
Mûre	0,4	9	0,40
Myrtille	0,9	6	0,11
Nèfle	0,3	9 à 11	0,44
Orange	0,7	4 à 6	—
Pêche	0,5	11 à 12	—
Poire	0,5	8 à 15	—
Pomme	0,1	12 à 14	0,30
Prune	0,5	8 à 15	—
Raisin	1,7	12 à 30	—
Légumes :			
Ail (séché)	6,60	30	0,10
Asperge	1,61	7	0,14

	TENEUR EN		
	PROTIDES	GLUCIDES	LIPIDES
Aubergine	1,07	5	0,22
Carotte	1	10	0,25
Céleri	1,63	8	0,14
Champignon de Paris ...	4,25	—	—
Chicorée, scarole	1,47	3	0,11
Chou	1,53	6	0,25
Chou de Bruxelles	2,78	9	0,67
Chou-fleur	1,98	5	0,32
Chou rouge	1,61	7	0,20
Courge	0,90	7	0,12
Epinard	1,78	3	0,36
Haricots blancs	17,45	59	1,39
Haricots verts	7	50	1,40
Laitue	1,10	3	0,27
Lentille	20,40	57	1,31
Levure alimentaire	47,50	34,50	2
Mâche	2,16	5,08	0,45
Navet	1,10	7,30	0,16
Oignon frais	1,62	13,70	0,11
Oignon sec	8,27	67	0,66
Persil	3,75	8	—
Petits pois frais	6,30	14	0,50
Pois secs	19,35	58	1,54
Pissenlit	2,45	10	0,62
Poireau	2,38	7	0,43
Pomme de terre	2,17	21	—
Radis rose	1,60	7	0,10
Tomate	0,76	4	0,30

Tableaux des principaux sels minéraux et oligo-éléments

Sauf indication spéciale, ces analyses donnent la teneur en mg pour 100 g de substance *fraîche.*

REMARQUE IMPORTANTE : Pour apprécier l'intérêt d'un fruit ou d'un légume, comme apport de sel ou d'oligo-élément, il ne suffit pas de considérer seulement le nombre de milligrammes qu'il renferme, mais aussi la quantité qu'il est possible d'en absorber sans inconvénients.

C'est ainsi, par exemple, que les amandes apportent 252 mg par 100 g, de magnésium, tandis que les cerises n'en apportent que 14. A première vue, les amandes semblent être la meilleure source de magnésium. Mais une ration de 50 g d'amandes, pour une journée, est une ration importante, compte tenu des autres sources de lipides dont l'amande contient 54 %. Par contre, on peut, sans inconvénient, absorber 1.000 g et même davantage, de cerises. Or, dans 1.000 g de cerises, il y a 140 mg de magnésium, tandis que, dans 50 g d'amandes, il n'y en a que 126 mg.

Il faut tenir compte également du fait qu'un oligo-élément provenant d'une graine est probablement d'une qualité supérieure à celui qu'on trouve dans un fruit, ce dernier étant lui-même supérieur à celui qu'apporte un légume, la racine étant elle-même inférieure au feuillage du légume. Enfin, il faut tenir compte de la cuisson qui dénature plus ou moins les oligo-éléments.

Prenons l'exemple de l'iode.

La teneur du haricot vert est de 0,032 ; celle de l'ananas lui est inférieure : 0, 031. Il est bien évident qu'il vaut mieux faire une cure d'ananas, si l'on manque d'iode, qu'une cure de haricots verts, d'autant plus que ces derniers ne peuvent guère être consommés crus.

Il en est de même du fluor.

Le blé complet en apporte 0,830 mg ; l'abricot 0,300 seulement. Mais on peut facilement — et sans inconvénient — absorber 1 kg d'abricots, soit 3 mg de fluor, tandis que 300 g de blé, compte tenu des protides apportées par d'autres aliments, peuvent, dans certains cas, être excessifs et n'apporteraient finalement que 2,49 mg de fluor.

Principales sources de magnésium
(en mg pour 100 g)

Amandes	252	Epinards	55
Cacahuètes	167	Châtaignes, pruneaux, noix coco	40
Pain complet	150	Raisins secs	35
Noisettes	140	Bananes fraîches	31
Noix	134	Artichauts, cresson	28
Farine de froment complète	122	Petits pois, pommes de terre	27
Figues sèches	82	Céleri, haricots verts	26
Dattes	65		

Mûres, framboises	24
Betteraves, raves	23
Figues fraîches	21
Champignons	16
Radis, oignons frais	15
Cerises	14
Asperges, choux, courges, endives. tomates	12
Pêches, fraises, prunes.	11
Concombres, melons, ananas, myrtilles, oranges, pamplemousses	10
Abricots, poires, groseilles	9
Raisin, pommes	8
Tapioca	2

Principales sources de calcium (en mg pour 100 g)

Pruneaux	840
Amandes sèches	254
Cresson	211
Figues sèches	170
Betteraves	150
Oignons	125
Endives	104
Epinards, noix, sucre roux	80
Haricots verts	65
Olives	61
Céleri-rave, poireaux, laitue	60
Choux, choucroute, framboise	46
Carottes, artichauts	40
Radis	33
Fraises	30
Oranges	28
Pain de seigle	26
Choux-fleurs, semoule	22
Courges, asperges	21
Raisin	20
Cerises, melons	18
Farine de blé	16
Pommes de terre, prunes, abricots	15
Tapioca, confitures	12
Tomates, bananes	11
Concombres	10
Riz	9
Pêches	8
Pommes	6

Principales sources de phosphore (en mg pour 100 g)

Amandes	475
Cacahuètes	393
Farine complète de froment	385

Noix	380
Pain complet	370
Noisettes	350
Oignons secs	256
Raisins secs	129
Abricots secs	119
Pois frais	118
Figues sèches	116
Champignons	100
Pain de seigle	93
Artichauts, châtaignes	90
Pruneaux	85
Persil	80
Choux-fleurs, dattes	72
Céleri	70
Asperges	60
Pommes de terre, framboises	52
Choux de Bruxelles	50
Epinards	45
Courges, haricots verts, oignons frais	44
Figues fraîches	40
Endives, groseilles	38
Betteraves, raves	37
Carottes, mûres	34
Radis, choucroute, cerises	31
Bananes	28
Fraises	27
Salades	25
Choux, abricots, oranges	23
Pêches	22
Raisins, tomates, concombres	21
Prunes	20
Pamplemousses	18
Poires	16
Myrtilles	13
Melon, confitures, tapioca	12
Ananas frais	11
Pommes, jus de raisin	10
Jus d'ananas	8
Jus de pamplemousse	7
Cresson	5

Principales sources de fer (en mg pour 100 g)

Cresson	7,2
Abricots secs, dattes	4,9
Groseilles vertes	4,7
Amandes, noisettes	4,4
Figues sèches, pruneaux	4
Raisins secs	3,3
Persil	3,2
Oignons secs, épinards	3
Pain complet	2,6
Farine de froment	2,3
Noix, cacahuètes	2
Haricots verts	1,2
Choux-fleurs, choux de	

Bruxelles, tapioca, artichauts, asperges, betteraves, raves, radis, carottes, mûres, framboises	1
Céleri-rave, courges, pommes de terre, fraises, myrtilles, figues, châtaignes, pain de seigle	0,8
Farine de froment, champignons, groseilles	0,7
Choux, tomates, raisin, bananes, pêches	0,6
Choucroute, oignons frais, salades, abricots, cerises, prunes, jus d'ananas	0,5
Oranges, pamplemousses	0,4
Concombre, ananas frais, confitures, poires, pommes, jus de raisin	0,2
Jus de citron	0,1

Principales sources de cuivre (en mg pour 100 g)

Amandes sèches	1,40
Noisettes	1,20
Noix	1,12
Blé complet	0,72
Asperge	0,70
Orge	0,65
Radis	0,38
Betterave rouge	0,32
Salsifis	0,32
Orange	0,31
Navet	0,30
Oignon	0,29
Poireau	0,25
Datte	0,24
Carotte, poire, champignon	0,22
Chou-fleur, laitue	0,20
Chou, épinard	0,18
Cerise	0,16
Pomme, raisin	0,12

Principales sources de zinc (en mg pour 100 g)

Betterave rouge	5,78
Blé complet	4,05
Orge	2,67
Chou	1,78
Champignon de couche	1,10
Laitue	0,89
Tomate	0,59
Carotte	0,50
Pêche	0,38
Epinard	0,31
Orange	0,11

Principales sources de cobalt (en mg pour 100 g)

Chanterelle (girolle)	0,213	Tomate	0,009
Carotte (feuilles)	0,031	Epinard, chou	0,007
Sarrasin	0,030	Abricot, prune	0,003
Figue	0,020	Blé complet, poire	0,001
Oignon	0,013		

Principales sources d'iode (en mg pour 100 g)

Haricot vert	0,032	Carotte	0,013
Ananas	0,031	Oseille, poireau	0,012
Oignon	0,028	Tomate, raisin, épinard	0,002
Asperge, navet	0,024	Poire, artichaut, laitue	0,001
Ail, chou blanc	0,021	Blé complet	0,001
Champignon, fraise, riz complet	0,017		

Principales sources de silicium (en mg pour 100 g)

Pomme	7,472	Chou-fleur	5,967
Haricot vert	6,538	Pain complet	5,557

Principales sources de fluor (en mg pour 100 g)

Orge mondé	2,000	Abricot	0,300
Blé complet	0,830	Tomate	0,200
Riz complet	0,800	Raisin	0,120
Asperge	0,520		

Principales sources de manganèse (en mg pour 100 g)

Blé complet	3,418	Prune	0,182
Noix	1,798	Céleri	0,162
Arachide	1,569	Datte	0,147
Orge mondé	1,509	Asperge	0,101
Riz complet	0,800	Raisin	0,082
Epinard	0,700	Chou	0,076
Champignon de couche	0,580	Poire	0,064
Betterave rouge crue	0,537	Carotte	0,053
Laitue	0,500	Oignon, chicorée frisée	0,049
Abricot	0,284	Pissenlit	0,040
Chou de Bruxelles	0,266	Cerise	0,031
Chou-fleur	0,250	Pomme	0,016

Principales sources de brome (en mg pour 100 g)

Pastèque	26,20	Chou-fleur	0,67
Melon ordinaire	9,45	Mandarine	0,53
Asperge	2,02	Echalote, chou, ail	0,45
Champignon de couche	1,54	Céleri-rave, carotte, betterave	0,39
Cèpe, bolet rude	1,45	Orange, navet, poireau	0,32
Artichaut, tomate	0,95	Cerise et tous fruits	Traces
Radis noir, rose	0,90		
Fraise	0,71		

Principales sources de bore (en mg pour 100 g)

Haricot vert	0,460	Pêche, carotte	0,180
Oignon	0,250	Poire, tomate	0,160

Principales sources de soufre (en mg pour 100 g)

Noisette	0,198	Pêche, riz complet	0,111
Blé complet	0,181	Datte, châtaigne	0,068
Noix	0,172	Haricot vert	0,039
Amande	0,160	Cerise, orange, fraise	0,011
Orge mondé	0,120	Abricot, poire	0,010

Principales sources de nickel (en mg pour 100 g)

Chanterelle (girolle)	0,350	Poire, prune, abricot, cerise	0,060
Chou	0,330	Haricot vert, blé complet	0,035
Epinard	0,237	Carotte	0,028
Laitue	0,151	Oignon, tomate	0,015
Figue (entière)	0,120		
Sarrasin	0,110		

Principales sources de chlore (en mg pour 100 g)

Datte	0,228	Cerise, poire	0,012
Blé complet, noisette	0,068	Châtaigne, orange, pêche	0,006
Haricot vert, noix, amande	0,040	Abricot	0,002

Principales sources de sodium
(en mg pour 100 g)

Haricot vert	0,096	Datte	0,055
Blé complet, châtaigne	0,069	Abricot	0,038
		Cerise	0,023

Principales sources de potassium
(en mg pour 100 g)

Céleri	0,760	Chicorée, chou, salade	0,390
Amande	0,741	Chou-fleur, noix	0,332
Orge mondé	0,700	Haricot vert, poireau	0,312
Noisette, datte	0,615	Carotte, épinard	0,275
Pomme de terre (cult. biolog.)	0,597	Oignon, abricot, concombre	0,248
Châtaigne, raisin	0,523	Artichaut, pêche, cerise	0,215
Blé complet	0,473		

Principales vitamines

Les indications ci-dessous ne constituent nullement un « tableau des vitamines ». Elles ont seulement pour but de montrer qu'il n'est pas nécessaire de manger de la viande ou des graisses animales, beurre, œufs, etc... par ailleurs fort nocifs, pour trouver les vitamines et pro-vitamines nécessaires.

VOUS TROUVEREZ	DANS
Carotène[2] (pro-vitamine A) (croissance, résistance aux microbes, entretien de la rétine, appareil auditif, etc.). *Destruction* : 1° en quinze jours par l'oxygène de l'air en présence des radiations solaires ; 2° tempé rature de 120°.	Epinards, légumes-racines, potiron, pêche, prune, abricot, mûre, raisin, blé et pain complet - traces -
Vitamine B1 (équilibre nerveux, assimilation des glucides et hydrates de carbone). *Destruction* : 100° en milieu alcalin, 120° en milieu acide.	Farine de blé complète, d'orge, pain complet, châtaigne, fruits secs oléagineux et sucrés, légumes divers et racines, orange, pamplemousse, huile non raffinée.
Vitamine B2 (équilibre de la nutrition, appétit, utilisation : croissance, catalyseur, protection contre le cancer). *Destruction* : 120°.	Farine de blé complète et d'orge, riz complet (son et germe), pain complet, raisin et fruits divers (peau), châtaigne, fruits secs oléagineux et sucrés, tous légumes, huile non raffinée.
Vitamine C (équilibre du sang et des humeurs, antiscorbutique,	Châtaigne, orange, citron, pamplemousse, tous légumes,

2. Le *Carotène* permet de constituer des réserves de vitamine A.

résistance aux microbes, utilisation du fer). *Destruction* : 60°.	fruits frais, fruits secs, oléagineux.
Vitamine D	
(formation des os, des dents, utilisation du calcium, antirachitique). *Destruction* : 100°.	Farine de blé complète, *fraîchement* moulue (Bertholet), champignon, levure [3].
Vitamine E	
(équilibre musculaire et nerveux, glandes de la reproduction et de la lactation, fécondité, dégénérescence). *Destruction* : 120°.	Farine de blé complète (germe) huile d'olive et d'arachide (à froid), amande, noisette, noix, laitue, chou.

Diastases

J'ai écrit plus haut que la question des diastases ne se pose pas pour qui fait un large emploi de fruits frais et de légumes crus.

Le seul point important est qu'elles sont encore plus fragiles que les vitamines. La plupart sont détruites vers 60°.

C'est une des raisons de la nocivité des conserves.

3. La principale source de vitamine D est dans l'organisme même où elle est synthétisée au niveau de l'épiderme par l'action des rayons solaires sur le cholestérol se trouvant dans le sang, à la dose normale de 1,5 par litre.

ANNEXE V

LES CORPS GRAS RAFFINÉS SONT CANCÉROGÈNES

Ce sont des aliments sur lesquels le public est également très mal renseigné, car leur fabrication est monopolisée par deux ou trois consortiums extrêmement puissants qui, tout comme la Grande Meunerie, tiennent sous leur tutelle le gouvernement et la presse.

La plupart des gens considèrent l'huile comme un simple assaisonnement pour les salades, et les graisses, le beurre ou la margarine, comme des agents de cuisson permettant de faire « revenir » ou « frire » les aliments.

Ainsi perd-on de vue le véritable rôle des corps gras ou « lipides », un des trois éléments de base de l'alimentation humaine, les deux autres étant les *protides* et les *glucides*. Il en résulte qu'on n'attache aucune importance à la qualité de l'huile ou de la graisse employées, ni à leur composition, ni à leurs effets bons ou mauvais sur l'organisme. Erreurs soigneusement entretenues, d'ailleurs, dans le public, par la publicité stupide des grandes marques d'huile ou de margarine, dont les arguments, faute de propriétés réelles à vanter, se bornent à énumérer des qualités imaginaires, ou même à souligner la commodité et le luxe de ... l'emballage !

Pourtant le corps gras est un aliment presque aussi important que le pain. Comme lui, il doit apporter à l'organisme, non seulement des éléments nutritifs, mais aussi *des facteurs de protection.* En outre, il ne doit pas contenir de cholestérol, sous peine de provoquer, à la longue, des troubles cardio-vasculaires, et de favoriser la formation du cancer.

Cette condition contre-indique l'emploi des graisses animales et du beurre qui contiennent 4 g de cholestérol par kilo.

Restent les huiles et graisses végétales qui, elles, ne contiennent pas de cholestérol, mais qui ne conservent leurs qualités que si elles sont *vierges.*

Je dois ici entrer dans des détails techniques qu'il est indispensable de connaître, si l'on veut protéger sa santé.

Selon la législation en vigueur, on ne peut appeler *vierge* ou *naturelle* qu'une huile n'ayant pas été *raffinée.* (Le mot « pure » ne donne aucune garantie de non-raffinage ; il indique seulement qu'il ne s'agit pas d'un mélange).

Or, toutes les huiles bon marché du commerce sont des huiles raffinées.

Il existe trois façons d'extraire l'huile des graines ou des fruits oléagineux : par simple pression à froid ; par pression à chaud ; et par extraction à l'aide d'un *solvant,* comme le trichloréthylène.

Seul le premier procédé permet la commercialisation de l'huile sans raffinage, et encore, à condition que les graines soient de bonne qualité et que le produit n'ait qu'un faible degré d'acidité. Mais le rendement est faible et une grande partie de l'huile reste dans les tourteaux, ce qui donne une huile d'un prix de revient élevé.

La pression à chaud donne une huile de couleur foncée, d'odeur forte, qu'il faut décolorer, désodoriser pour la rendre présentable. Le rendement est déjà bien plus important. Le meilleur rendement est obtenu par l'extraction au moyen de solvants qui dissolvent la totalité de l'huile. Mais, plus encore qu'avec la pression à chaud, est-il nécessaire ensuite de la purifier, désodoriser, décolorer, recolorer, etc., manipulations ayant pour effet de détruire les principales propriétés de l'huile et même — comme c'est le cas de la désodorisation effectuée à une température de 250°, pendant plusieurs heures — de la rendre extrêmement malsaine.

Il faut savoir que tout corps gras chauffé au-delà de 150 à 200° est dangereux pour la santé, car « ces températures ont pour effet de décomposer les stérols et de former des produits cycliques de polymérisation extrêmement toxiques et même cancérigènes... » (Professeur Reding, Bruxelles.

En dehors des huiles, le consommateur qui veut éviter le beurre et les graisses animales pour les raisons indiquées précédemment, trouve dans le commerce courant diverses sortes de margarine et de graisses dites « végétales ».

Ces produits sont-ils préférables ? Ils présentent hélas les mêmes défauts que les huiles raffinées... avec quelques autres en plus ! En effet, ils sont fabriqués industriellement avec un mélange d'huiles végétales, d'huile de baleine et de suif, tous ces produits subissant un certain nombre d'opérations de raffinage destinées à les désodoriser, les décolorer, abaisser leur taux d'acidité, ce qui présente les inconvénients indiqués plus haut, à propos des huiles [1].

En outre, les margarines sont l'objet d'un traitement supplémentaire appelé *hydrogénation* qui a pour but de les faire passer de l'état liquide à l'état solide à la température ordinaire, pour leur donner la consistance du beurre.

Je ne peux m'étendre ici sur la technique de l'hydrogénation, opération consistant à fixer de l'hydrogène

1. La composition des margarines varie suivant les marques et les qualités, certaines étant fabriquées uniquement pour l'industrie de la boulangerie, de la pâtisserie, biscuiterie, etc., sont de la plus basse qualité. Mais, sauf exception, elles sont à base de suif et d'huile de baleine. Il ne faut pas oublier que la Sté Astra est issue de la fusion de deux firmes dont l'une est le *Fondoir central de la boucherie*, spécialisé dans les produits du suif.

Par ailleurs, pourquoi les fabricants de margarine ne prétendraient-ils pas que leur produit est végétal, puisque la nomenclature des taxes sur le chiffre d'affaires, à la page 27, porte la rubrique : « Huiles concrètes et huiles de baleine destinées à la fabrication des graisses végétales et de la margarine... » ?

sur les molécules d'huile pour rendre celle-ci concrète. Elle se fait à très haute température, sous une pression de 9 atmosphères, en présence d'un métal servant de catalyseur, comme le nickel. Plus encore que le raffinage, elle a pour résultat de décomposer une partie importante des stérols, d'achever la destruction de tout ce qui pouvait rester de vivant dans le produit traité, et de le rendre cancérogène.

Comme on le voit, aucun des corps gras mis à la disposition du public par le commerce courant ne répond à la définition d' « aliment sain » et *tous sont nocifs à des degrés divers.*

ANNEXE VI

LE NOUVEAU PROBLÈME DE LA VIANDE

L'*antibiosupplémentation* est une pratique d'élevage du bétail consistant en l'introduction systématique d'antibiotiques dans la nourriture, dans le but « d'accroître le rendement », c'est-à-dire de provoquer une croissance et une augmentation de poids plus rapides.

Ce procédé, de même que les manipulations génétiques, qui accroissent les rendements, ont été mis au point dans les Services scientifiques du ministère de l'Agriculture.

Ainsi que le fait remarquer, dans un important rapport sur *la Qualité des aliments*, le rédacteur du Bulletin de l'Association française pour la recherche de l'alimentation normale (A.F.R.A.N.) [1] :

« Les avantages matériels de ces innovations sont substantiels et tout porte à croire qu'ils seront défendus avec autant d'énergie par leurs bénéficiaires que par leurs instigateurs. »

1. A.F.R.A.N., 143 avenue de Saxe, Paris - VIIe. Directeur : docteur J.W. Bas.

En 1968, l'Académie de médecine a donné un avis défavorable à l'antibiosupplémentation des rations animales, souhaitant que soit maintenue fermement l'interdiction de se servir des antibiotiques pour conserver les aliments, et que l'on renforce le contrôle des denrées en favorisant, par l'octroi d'un label de qualité, les produits des élevages qui n'utilisent pas d'antibiotiques dans les rations animales.

La même année, le docteur vétérinaire Sergent et M. Michel Henry ont publié leurs observations sur des porcs, dans la *Revue de Pathologie comparée*, concernant de graves effets pathologiques de l'antibiosupplémentation sur ces animaux. Outre que les mycoses sont constamment mises en cause, on a constaté que la rétention hydrique provoquée par cette méthode permet surtout à l'éleveur de vendre de l'eau au prix de la viande.

Mais le travail le plus important, au point de vue qui nous intéresse, c'est-à-dire celui de la protection de la santé des consommateurs, semble être le livre du professeur J.-L. Pech, de la faculté de Montpellier : *Menaces sur votre vie*, paru en 1961, chez Gallimard.

L'auteur explique comment les parties maigres de la viande d'animaux nourris de cette façon, se transforment en matières grasses cristallisant finalement en cholestérol, sous l'effet des moisissures (les antibiotiques ne sont pas autre chose que des moisissures) développées à leur surface. L'auteur affirme que, de ce fait, l'usage des antibiotiques dans la nourriture du bétail est responsable de cet accroissement énorme des morts subites par crises cardiaques constaté depuis quelques années [2].

La thèse du professeur Pech est étayée sur une constatation troublante : la coïncidence historique entre les périodes illustrées par la fréquence des accidents vasculaires subits, et les périodes pendant lesquelles la nourriture de l'homme — ou des animaux — contenait des quintessences de moisissures. De 1690 à 1845, fréquentes présences de moisissures dans l'alimentation de l'homme et du bétail. Aux mêmes époques, fréquentes dislocations d'artères vitales par les cristaux de cholestérol et graisses non cristallisables. L'année 1845 marque la prohibition formelle et rigoureusement imposée de mettre en vente, pour l'alimentation de l'homme et des animaux, des denrées moisies. De 1845 à 1950, suppression des moisissures dans tous les aliments de l'homme et du bétail. Diminution, jusqu'à disparition pratique de tous les accidents vasculaires mentionnés ci-dessus. De 1950 à nos jours, introduction dans l'alimentation de l'homme et du bétail des antibiotiques, éléments donnant aux moisissures certaines propriétés. Réapparition, en nombre angoissant, de lésions mortelles, par athérosclérose (amas de cholestérol et de graisses dans les parois des artères vitales).

Plus que jamais, la suppression de la viande s'impose

2. Ce livre a vu le jour en 1961. Bien entendu, personne n'a tenu compte de son cri d'alarme. On a même tout fait pour l'étouffer. Depuis cette date, le nombre des infarctus par an est passé de 100 000 à 200 000 en France.

à toutes les personnes qui cherchent à améliorer leur santé. Quant à celles qui n'ont pas encore pu s'y résoudre, ou qui ne le veulent pas, on ne saurait trop recommander de consommer systématiquement de l'huile de tournesol pressée à froid, garantie pure et vierge (c'est-à-dire non raffinée) pour aider leur organisme à éliminer ce cholestérol en excès.

ANNEXE VII

PROTECTION CONTRE LES RADIATIONS NOCIVES

SENSATIONNELLE EXPÉRIENCE DE PROTECTION ANTI-ATOMIQUE [1]

Parmi les lecteurs de *la Vie claire*, qui forment une minorité particulièrement éclairée sur les problèmes de la protection de la santé, il en est qui suivent plus ou moins strictement les conseils et indications que nous leur donnons régulièrement. En général, ceux qui s'imposent une hygiène et une discipline très strictes, sont ceux qui luttent ou ont lutté avec l'énergie du désespoir pour échapper à une grave maladie. C'est ainsi, en particulier que nombre de tuberculeux, de diabétiques, de cardiaques, de précancéreux, etc..., ont réussi à rétablir leur santé à force de courage et de ténacité, et ont tiré tellement d'avantages de leurs efforts qu'ils ne voudraient faire marche arrière pour rien au monde. D'autres, par contre, qui jouissent apparemment d'une bonne santé, nous suivent sur

1. Paru dans *la Vie claire* de février 1962.

certains points, ...mais sans renoncer à ce que d'aucuns appellent « les plaisirs de l'existence ». Pour beaucoup, ce n'est d'ailleurs qu'une lente évolution qui les conduira, sans heurts ni précipitation, à des habitudes rationnelles.

Tel fut le cas du mari d'une de nos lectrices dont nous avons fait la connaissance récemment. Son histoire vaut la peine d'être connue. Si elle n'intéresse, à l'heure actuelle, qu'une petite minorité, elle est malheureusement susceptible d'intéresser prochainement tout le monde.

Le mari de Mme X. a un métier très particulier : il est technicien dans un centre de recherches nucléaires.

Assez curieusement, c'est le métier de son mari qui l'a amenée, elle, à l'Alimentation saine, et c'est l'Alimentation saine qui lui a permis de sauver son mari !

M. X... travaille à l'énergie atomique à peu près depuis les débuts. Il a connu l'époque héroïque des premiers essais et des premières piles expérimentales, débuts que l'on peut rapprocher de ceux de l'emploi médical des rayons X. Les premiers appareils à rayons X étaient rudimentaires. Comme on ignorait alors les dangers que présentait l'exposition prolongée aux rayonnements, dont on ne voulait connaître que les perspectives intéressantes, on ne prenait guère de précautions, et l'on ne compte plus les médecins qui furent amputés des mains, puis des bras, et moururent des effets des brûlures par les rayons. Il en fut de même, dans les premières années, des piles atomiques.

De nombreux techniciens furent alors exposés à des bombardements radio-actifs plus ou moins intenses. Ce n'est que plus tard que des appareils furent créés pour permettre la manipulation à distance des produits dangereux.

On ne saura probablement jamais combien, jusqu'ici, les rayons gamma et les photons ont fait de victimes, car il est difficile de déterminer la cause principale d'une maladie dégénérative telle que la maladie des rayons. Une chose est certaine : des techniciens, des employés qui approchaient journellement les produits radio-actifs, aucun, pratiquement, n'est resté absolument insensible aux influences dangereuses.

Professionnellement (si l'on peut dire puisque la maladie atomique n'est pas encore classée comme maladie professionnelle) les symptômes sont les suivants :

— Grande fatigue commençant par les jambes. Le sujet atteint par des doses importantes de rayonnement ne peut rester longtemps debout. Il s'assied chaque fois qu'il le peut, ou s'appuie comme un convalescent qui a gardé le lit plusieurs semaines ;

— Grande fatigue musculaire. Les muscles perdent leur force et leur souplesse. Le sujet devient « paresseux » ;

— Mauvaise résistance de l'organisme aux « agressions ». La moindre grippe dure un ou deux mois ;

— Le poids augmente ; 90 % des techniciens de l'atome grossissent notablement ;

— Les urines sont colorées, la formule sanguine

déficiente, le malade a une perpétuelle envie de dormir ; il perd ses cheveux.

Voici des extraits d'une lettre dans laquelle Mme X. nous décrivait l'évolution de l'état de son mari :

« Au bout de quelques mois de travail, mon mari avait perdu son dynamisme, et au bout d'un an, il était perpétuellement fatigué. Sa numération globulaire accusait une baisse sensible, sans être toutefois particulièrement inquiétante : 3 600 000 globules rouges, etc... Il avait bon appétit, dormait bien, mais il prenait du poids et perdait ses forces petit à petit. Les vacances lui permirent de retrouver une meilleure forme, mais la fatigue revint dès le début de l'hiver. Une grippe banale fut longue à guérir. La résistance de l'organisme aux microbes faiblissait.

« Puis ce furent d'autres symptômes qui apparurent : lourdeur des jambes, faiblesse des reins, etc. Il ne pouvait plus faire des efforts moyens. Le poids des objets lui semblait avoir triplé. Ses muscles étaient moins souples et lui paraissaient « raccourcis ». Encore une fois, les vacances améliorèrent son état, mais pas pour longtemps. La station debout le fatiguait et il lui fallait toujours s'appuyer ou s'asseoir. Il était comme un convalescent qui recommence à se lever. Il devint paresseux, avait toujours sommeil et les nuits n'étaient jamais assez longues. Il ne récupérait plus. Il avait pourtant toujours bonne mine et bon appétit, mais continuait à prendre du poids : 106 kg pour une taille de 1,75 m. Puis il fallut l'aider à se lever et à s'habiller pour qu'il aille à son travail. Il trouvait les journées longues et pénibles. Il avait perdu le goût de la vie. Seul, le repos comptait. Au bout de trois ans, la tension était descendue à 10-7.

« C'est à cette époque que j'ai lu plusieurs livres sur l'alimentation, en particulier *Nourris ton corps*. Comme mon mari n'était pas le seul, loin de là, à présenter des symptômes alarmants, nous avons pensé que l'alimentation habituelle ne fournissait probablement pas tout ce qui est nécessaire à l'organisme pour se défendre contre les radiations, régénérer les globules détruits, etc. Nous avons alors suivi un régime végétarien, avec pain complet, fruits secs, etc. et l'état de mon mari s'est, en effet, progressivement amélioré. Son poids, par exemple, est redescendu à 96 kg. Puis, nous sommes venus au " végétalisme ", en appliquant très exactement l'Alimentation saine, et, au bout de six mois, mon mari avait apparemment retrouvé son équilibre normal : poids : 89 kg, globules rouges : 4 600 000, tension : 13-8.

« Il a maintenant repris goût à la vie comme avant, se trouve rajeuni et heureux, et pourtant il a toujours le même emploi. »

On comprend facilement l'obstination avec laquelle M. X. persévère dans la pratique de l'Alimentation saine, qui lui a déjà permis de remonter la pente qui fut fatale à bien d'autres. Quand nous lui avons demandé s'il était strictement végétarien et pourquoi, il a simplement répondu : « Parce que je tiens à ma peau ! »

Si l'expérience de M. X. était le seul indice qui laisse penser que l'alimentation usuelle diminue l'autodéfense de l'organisme et que l'Alimentation saine la renforce dans des proportions souvent incroyables, on pourrait douter de sa valeur et être tenté d'attribuer la disparition de ses symptômes à toute autre cause naturelle, en particulier au temps qui efface tout... Mais il existe tout un faisceau de confirmations dans différents domaines.

On sait que les troubles dus aux irradiations prolongées n'ont pas tendance à guérir par eux-mêmes et subsistent très longtemps, pouvant même se transmettre aux descendants. Il suffit de se souvenir de la plainte déposée il y a quelques mois contre le Commissariat de l'énergie atomique par l' « atomisée de Saclay ». Voici ce que déclarait au journaliste de *L'Aurore* (9-9-61), Mme Majoni qui souffre depuis huit ans de troubles analogues à ceux des personnes irradiées :

« Je ne peux jamais prévoir quand j'aurai une crise qui m'obligera à rester alitée. De plus, je me fatigue très vite et il me serait impossible de m'occuper seule de mes enfants. Lorsque j'ai été victime des radiations, j'attendais Pierre, l'aîné, âgé aujourd'hui de cinq ans. Il présente les mêmes symptômes d'anémie que moi. Il a fallu le retirer de l'école maternelle : c'était trop fatigant pour lui. Alors, vous pensez, qu'est-ce que ce sera lorsqu'il sera à la grande école ! Tout son avenir risque d'être compromis. Ma fille, âgée de trois ans, semble avoir été épargnée, mais la dernière née, qui n'a que six mois, présente, elle aussi, des symptômes inquiétants. C'est surtout pour eux que j'ai attaqué le Commissariat à l'énergie atomique en dommages-intérêts. Et puis, je l'ai fait aussi pour alerter l'opinion publique, afin que des mesures soient prises et que d'autres cas semblables ne puissent plus se produire. »

La comparaison des cas de Mme Majoni, irradiée il y a huit ans, et de M. X., qui travaille toujours à la pile atomique, mais a retrouvé la santé, est significative.

On ne peut s'empêcher de rapprocher ces faits récents d'une constatation rapportée en 1945, à la suite du bombardement de Nagasaki. La bombe A était tombée à égale distance de deux hôpitaux. Dans l'un, il y eut des milliers de morts et quelques survivants ; dans l'autre, quelques morts et des milliers de survivants pratiquement indemnes. Or, coïncidence remarquable, il se trouve que dans ce dernier, pour des raisons qui n'avaient évidemment rien à voir avec le danger atomique, un régime exclusivement végétarien, à base de céréales, était servi à tous les malades et à tout le personnel.

Enfin, on sait aussi que la consommation de blé entier (qui est à la base de l'Alimentation saine) protège les animaux contre le cancer expérimental, comme l'ont montré des expériences extrêmement nombreuses faites sur des rats et devenues classiques [2].

2. Voir, du même auteur : *Défends ta peau !*, expérience de Yoshida, au Japon, en 1929.

D'autre part, nous avons constaté un certain nombre de guérisons de cancers chez des personnes nourries sainement.

Tous ces faits, rapprochés entre eux, permettent tout de même de tirer quelques conclusions générales sur la protection par l'Alimentation saine, contre les maladies et agressions diverses que l'organisme subit. On peut donc penser, sans optimisme exagéré, que les différents procédés de défense de l'organisme contre les maladies, que nous recommandons, en particulier l'Alimentation saine et, en général, la vie saine, constitue une protection solide contre les dangers créés de toutes pièces par l'industrie atomique et ses sous-produits, comme d'ailleurs contre de nombreux autres dangers.

Bien entendu, indépendamment du danger direct des radiations, l'industrie atomique pose le problème de la pollution de l'air, de l'eau et des aliments. Le plus exposé de ceux-ci est le lait, dont la production se fait au jour le jour et qui peut, se trouver, de ce fait, contaminé brusquement, d'un jour à l'autre, par des pluies radioactives, ou par un accident industriel quelconque, comme cela s'est déjà produit — sans parler, bien entendu, d'un accident militaire.

N'oublions pas que les plus grands dangers qui menacent actuellement l'homme et la terre entière ne sont pas tellement l'épouvantable explosion d'une super-bombe, que l'insidieux progrès des agressions microscopiques et toujours renouvelées contre notre oganisme, qui en souffre d'autant plus qu'il vit dans des conditions plus artificiellement éloignées du mode de vie que la nature lui a toujours offertes.

***

LES HUILES ANTI-RADIOACTIVES par le professeur Raymond Lautié [3], docteur ès sciences

Les professeurs Julian Sanz Ibanez et Adolfo Castellanos, de l'institut Cajal, de Madrid, au cours d'une étude de rayons X sur des rats, concluent que l'huile d'olive protège ces derniers assez efficacement contre des doses *progressives,* allant de 300 à 2 400 roentgens.

Nous n'en sommes point étonné et, ici même, nous avons maintes fois conseillé pareil aliment. D'après nos propres travaux, nous continuons de penser que l'Alimentation saine, comme la respiration profonde d'un air pur, aide puissamment à se défendre de radiations pénétrantes X ou γ et de radio-isotopes. Selon nous, le but fondamental à atteindre n'est pas la découverte d'un aliment spécifique, mais par-dessus tout de créer ou de maintenir des tissus sains et vigoureux par une alimentation naturelle, pour qu'ils réagissent d'eux-mêmes contre le mal en général et contre les fréquences hyperélevées ou les substances instables, dans le cas qui nous occupe à présent.

3. Paru dans *la Vie Claire* (février 1962).

Comme pour la lutte antituberculeuse ou anticancéreuse, l'essentiel, dans la bataille antiradioactive, si difficile, reste d'assainir les cellules et de leur offrir une nourriture adaptée, complète et variée. Cela réalisé, les chances de surmonter le mal, quelle que soit la forme qu'il revêt, deviennent grandes, tant notre corps trouve en lui de parades inattendues. Loin de nous de prétendre que l'alimentation naturelle nous sauve à tout coup des retombées radioactives subites que le mauvais génie de l'homme a engendrées. En effet, nos tissus mettent parfois trop de temps à bien réagir et à déclencher ces contre-attaques décisives. Cependant une nourriture convenable est seule capable de les mettre dans les conditions de défense les plus efficaces. Enfin, s'il s'agit d'une intoxication radioactive progressive et de faible valeur, nous avons, par l'Alimentation saine, la possibilité de nous sortir d'affaire sans trop d'ennuis et plus spécialement de nous éloigner à temps des zones contaminées. Nous pouvons affirmer que c'est une protection précieuse des radioactivités lentes et peu intenses, peut-être même la seule tant que ne jouent pas les terribles effets d'accumulation et de sélectivité irréversible. Malheureusement, l'alimentation la plus saine ne nous protège pas en toute certitude si les rayons X ou γ frappent fort ou s'ils prolongent leurs actions à des doses relativement grandes, quoique, même dans ces circonstances défavorables, elle rende encore de puissants services et, bien mieux que tous les produits pharmaceutiques proposés un peu partout, à coup de publicité tapageuse.

Si le régime alimentaire ne triomphe pas chaque fois, il reste le pivot de la bataille, dans toutes les agressions, soit à titre préventif, soit à titre curatif. Allant plus loin, nous estimons qu'il est l'arme par excellence contre les intoxications radioactives comme il l'est contre les intoxications chimiques...

Les docteurs Ibanez et Castellanos ont confirmé largement nos anciennes conclusions et les ont précisées sur plusieurs points. Autant qu'eux, nous déclarons que les corps gras insaturés sont bénéfiques contre les radiations, ne serait-ce que parce qu'ils renforcent nos tissus et favorisent des éliminations ; mais nous ne pensons pas que ces subtances favorables suffisent à nous protéger avec certitude et dans n'importe quel cas. C'est là une différence profonde.

Dans son combat incessant contre les mille attaques du milieu extérieur, l'organisme fait appel constamment à des matériaux d'une étonnante diversité, tantôt à des doses massives, tantôt à doses homéopathiques, preuve de sa subtile adaptation à des situations multiples. *Un seul produit, même de haute valeur, ne peut pas le protéger pleinement, lui permettre de catalyser ses innombrables synthèses.* Toujours, en chaque circonstance, notre corps est contraint de faire appel à un très grand nombre de substances qu'il ne sait pas fabriquer. Donc, il serait dangereux de ne s'occuper que d'un aliment unique quand on prétend maintenir la santé et, *a fortiori*, la sauver.

C'est pourquoi, dans la protection contre les variétés de radioactivités, nous ne devons pas nous fier à un type unique de substances. A notre avis, ici comme ailleurs, plusieurs — voire beaucoup — sont simultanément nécessaires, à condition de les bien choisir, sous forme d'associations naturelles, car le corps pur, cette création de laboratoire, n'est pas efficace : il est même dangereux...

Nous parviendrons à résister à des radioactivités assez légères si nos digestions ne sont ni lentes, ni incomplètes ; si nous évitons la redoutable hyposphyxie de la sédentarité. Facilitons au maximum la tâche écrasante de l'organisme en péril, en ne lui imposant pas des mets indigestes, mal assemblés. Pas d'excès de table ; de la frugalité, de la mesure, de la régularité et du calme. Pas de nervins, depuis le café jusqu'au tabac en passant par l'alcool. Il serait inepte de fouetter l'organisme, de le contraindre à des efforts supplémentaires et désordonnés de purification, alors que l'heure sonne de le ménager, de faciliter ses éliminations. Dès le départ, une assimilation complète s'impose dans la protection contre les radiations. Sans ce soin, le poison digestif aggrave le poison radioactif, accablant en sus et irrémédiablement, des tissus en désorganisation. Oublierait-on que le cancer habituel est souvent la conséquence de digestions imparfaites ?

Les corps gras trop cuits, trop vieux, trop oxydés, les viandes lourdes et graisseuses sont contraires à une diète antiradioactive, car ils ralentissent les processus digestifs, facilitent indirectent les putréfactions intestinales qui engendrent des ptomaïnes et acidifient le sang, détériorent nerfs et foie par les poisons du craquage culinaire. Nous restons convaincu que l'unique régime alimentaire est celui axé sur des fruits sains et mûrs, soit frais, soit secs, mais pas trop vieux, surtout en grande variété, en rapport avec la capacité du système digestif.

Base de notre alimentation, nous devons les associer aux salades vertes crues — sauvages de préférence — aux oignons doux, à l'ail, au persil, au pain complet, aux céréales en quantité mesurée, aux levures douces [4]. Hors de cette règle, pas de réussite durable.

Nous regrettons que les spécialistes précités ne mettent pas l'accent sur la nécessité du *régime complet* et qu'ils laissent supposer que l'huile d'olive résout, à elle seule, l'angoissant problème des maladies de la radioactivité. Nous, nous précisons qu'elle ne doit pas être le seul lipide de la ration quotidienne et que, de plus, elle doit être vraiment *vierge, extraite à froid, sans solvant ni raffinage.* Cela nous paraît nécessaire pour qu'elle demeure un complexe équilibré et, par cela même, efficace...

De plus, n'oublions pas que la ration lipidique doit contenir à la fois des acides gras insaturés sous forme d'esters et des acides gras saturés. Il serait aussi grave de se priver du second groupe que du premier, car l'un et l'autre ont leur rôle à jouer soit pour lubrifier les colons et favoriser la vésicule biliaire, soit pour

4. Voir : R. Lautié, *Le danger atomique*, La Vie claire, éd.

protéger tissus et peau, soit pour échafauder l'édifice spécifique des cellules, soit pour fournir une part d'énergie. Ne jurons donc pas que par les insaturés pour être à la mode. De même qu'ils ne sont pas la panacée contre le cholestérol, de même ils ne sont pas l'arme unique contre les radiations...

Nous disons que l'huile vierge contient de bons insaturés, en excellente proportion, mais pas tous ceux dont nous avons besoin. Il est dommage que les chercheurs madrilènes aient passé ces faits primordiaux sous silence. Aussi insistons-nous pour qu'on utilise toujours des fruits variés — olives noires, noix, noisettes, amandes, etc. — que le vieillissement n'a pas dénaturés par l'oxydation lente à l'air et, à défaut ou en supplément, des huiles vierges d'origines différentes, depuis l'huile d'olive jusqu'au tournesol, sans aucune exclusive, à condition qu'on n'arrive pas à des quantités abusives. C'est grâce à cette grande variété de lipides végétaux non cuits que l'organisme a le plus de chances de trouver à temps des associations lipidiques naturelles ou presque, parfois à doses homéopathiques mais suffisantes, qui lui permettent de protéger les cellules nerveuses, de constituer des cellules saines, de réparer des tissus lésés et d'éliminer enfin des poisons radioactifs en les bloquant dans des complexes organiques...

Le fruit gras doit être consommé plutôt le matin, en le mâchant méticuleusement et en l'insalivant bien. A cette condition, il est parfaitement digeste.

Les corps gras d'origine animale conviennent mal,

dans la majorité des cas, car ils sont moins riches en insaturés, moins bien équilibrés pour nous, riches en cholestérol et en microbes, contrairement à ceux d'origine végétale. De plus, ils risquent de conserver dans leur masse des déchets engendrés par les maladies de la bête. La cuisson, surtout à feu vif, ne fait qu'accentuer certains de leurs défauts en ajoutant les dérivés du craquage. Dans un régime antiradioactif, on aurait tort d'en faire un usage de quelque importance, d'autant plus que notre organisme n'est pas construit pour les assimiler correctement...

De plus en plus les travaux modernes mettent en valeur la notion de carence. Les huiles vierges sont des composants nécessaires de l'alimentation, comme, à d'autres titres, certains sels minéraux, oligo-éléments, etc. C'est en supprimant toutes les carences, surtout les plus importantes, que l'on rend l'organisme vigoureux et résistant aussi bien aux maladies courantes qu'au mal des rayons.

Il ne faudrait pas considérer l'huile d'olive comme un « médicament antiatomique » ; ce serait s'exposer à des désillusions en interprétant abusivement des expériences spéciales et limitées.

Pour finir, nous souhaitons que ce texte n'incite point à acheter au hasard et en toute confiance n'importe quelle « huile de table » que l'Etat tolère à présent sur les marchés. Un mélange d'huiles ou de graisses végétales ne devrait pas être fait par des producteurs sans qu'ils mentionnent à bonne vue et avec exactitude, les lipides utilisés et les proportions admises. Sans cela, la porte est ouverte à la fraude. En particulier, dès que l'hydrogénation intervient [5], elle devrait être mentionnée très nettement, car, à notre avis, elle conduit à un aliment contraire à une diète antiradioactive.

5. Voir Annexe V.

BIBLIOGRAPHIE

BAINBRIDGE (W. S.) : *Le Problème du cancer* (Uystpruyst et Doin).

BAUER (Dr) : *Das Kreibsproblem* (1949 — Heidelberg).

BERTHOLET (Dr Ed.) : *Atlas des lésions anatomo-pathologiques des organes par l'Alcoolisme* (Génillard, Lausanne).

BERTHOLET (Dr Ed.) : *Végétarisme et Spiritualisme* (Génillard, Lausanne).

BERTHOLET (Dr Ed.) : *Retour à la santé et à la vie saine par le jeûne* (Génillard, Lausanne).

BIJON (Dr) : *Nouveau traitement clinique des tumeurs* (Maloine).

CARREL (Dr A.) : *L'homme, cet inconnu* (Plon).

CARREL (Dr A.) : *Réflexions sur la conduite de la vie* (Plon).

CARTON (Dr P.) : *Traité de médecine, d'alimentation et d'hygiène naturistes* (1924 — Maloine).

COMMONER (Barry) : *Quelle terre laisserons-nous à nos enfants ?* (Seuil).

CUVIER : *Leçons d'anatomie comparée* (1801).

DELBET (Pierre) : *Politique préventive du cancer* (L. V. Cl.).

DELBET (Pierre) : *L'Agriculture et la Santé* (L. V. Cl.).

FLEURANT : *Le Pain de froment* (Gauthier-Villars, 1912).

GANDHI : *Le Guide de la santé* (Figuière, 1932).

GEFFROY (H.-Ch.) Voir en tête du volume.

GIRARD (Aimé) : *Le Froment et sa mouture* (Gauthier-Villars, 1903).

KALMAR (Dr J.-M.) : *Comment vous vieillissez* (l'auteur, Grenoble).

KERVRAN (Pr C.-Louis) : *Transmutations biologiques*, 5 vol. (Maloine).

KOUCHAKOFF (Dr) : *Nouvelles lois de l'alimentation humaine* (Lausanne, 1937).

KUHNE (Louis) : *La nouvelle science de guérir* (L. V. Cl.).

LABORDE (Suzanne) : *Le cancer* (P.U.F.).

LAKHOWSKY (Dr) : *Le Secret de la vie* (Gauthier, 1925).

LAREBEYRETTE (Dr J. de) : *Hémogliase HyperAlpha 2* (Ed Méd. prat., Colombes 1957).

LAUTIE (Pr R.) : *Le danger atomique* (L. V. Cl.).

LAUTIE (Pr R.) : *Parmi les plantes bienfaisantes* (L. V. Cl.).

LECLERC (Dr) : *Les Fruits de France* (A. Legrand).

LEFEVRE (J.) : *Examen scientifique du végétarisme* (Soc. Vég. de Fr., 1919).

LEPRINCE (Dr) : *La cancérose* (Dangles).

LUMIÈRE (Aug.) : *Théorie colloïdale de la biologie et de la pathologie* (Chiron, 1922).

MARTIN-CHARPENEL : *Le Pain de froment*, Thèse de Doc. en méd. (l'aut. Manosque, 1937).

MÖLLER (Dr) : *Ernährungskuren und ihre Erfolge* (Pahl, Dresden, 1927).

NEVEU (Dr A.) : *La Polio guérie !* (L. V. Cl.).

NEVEU (Dr A.) : *Le Chlorure de magnésium dans l'élevage* (Le François).

OBERLING (Ch.) : *Le cancer* (Gallimard).

PECH (Pr) : *Menaces sur votre vie* (Gallimard).

POURIN (G.) : *Vieillir dans l'allégresse* (L. V. Cl.).

REDING (Pr R.) : *Le terrain cancéreux et cancérisable* (Masson).

REMY (M.) : *La Bataille du cancer* (L. V. Cl.).

REMY (M.) : *La Santé commence au jardin* (L. V. Cl.).

ROY (Dr J.) : *La Santé et la Liberté* (L. V. Cl.).

SALMANOFF (Dr A.) : *Secrets et Sagesse du corps* (La Table ronde).

VOISIN (André) : *Sol, Herbe, Cancer* (Mais. rustique).

WEISSBECKER (L.) : *La Cobaltothérapie* (Deutsche Med. Wochenschr., 20-1-50).

WOLFF (H.) et BARTHELI (S.) : *Le Traitement des anémies par les composés du cobalt* (Münch. Mediz. Wochenschr. 10-1951).

TABLE DES MATIÈRES

AVANT-PROPOS 7

PREMIÈRE PARTIE

UN CORPS PARFAIT QUE NOUS DÉTRUISONS

CHAPITRE Ier. Une fructueuse mystification 19
— II. Médecine ou méthode naturelle 23
— III. L'inexorable processus de l'arthritisme et la sénilité précoce 31
— IV. Le cancer : symbole et sanction de l'égoïsme 39
— V. S.O.S... Crise cardiaque ! 45
— VI. Le poids, cet assassin ! 51
— VII. Déminéralisation et déséquilibre nerveux 55
— VIII. Quelques « pièges » que vous pourrez évitez 61

DEUXIÈME PARTIE

ALIMENTATION PROTECTRICE

PROLOGUE 93

CHAPITRE Ier. ABC de l'alimentation saine 97
— II. Application pratique de l'alimentation saine 105
— III. Les facteurs de protection 115
— IV. Comment limiter les dégâts 135

ANNEXES

I. — La farce de « l'homme omnivore » 147
II. — La chimie alimentaire 153
III. — Complot contre l'homme 181
IV. — Tableaux de composition 218
V. — Les corps gras raffinés sont cancérogènes 234
VI. — Le nouveau problème de la viande 239
VII. — Protection contre les radiations nocives 243

BIBLIOGRAPHIE 259

ACHEVÉ D'IMPRIMER SUR LES PRESSES DE
L'IMPRIMERIE AUBIN 86 LIGUGÉ / VIENNE
LE 30 NOVEMBRE 1971

Dépôt légal : 1er trimestre 1972.
Numéro d'édition : 1411.
Numéro d'impression : 6334.